KB164872

안 하는 거야 못 하는 거야

중졸 · 흙수저 출신 **김상문 회장**의 인생 이야기

안 하는 거야 못 하는 거야

不
爲
也
非
不
能
也

근 25년 기자 생활을 했으니 이래저래 많은 사람을 만났다고 할 수 있다. 대통령과 영부인을 비롯해 내로라하는 사회 지도층 인사는 물론 성소수자, 범죄자, 거지 대장까지…. 돌이켜 보니 다양한 스펙트럼의 군상을 만났다.

가끔은 인터뷰 기사를 쓰고나서 더 알고 싶어지는 사람이 있다. 인간적 매력에 빠져서이기도 하고, 자기 분야에서 이룬 성공 과정과 비결이 더 궁금해져서이기도 하다. 대부분은 그러다 뇌리에서 사라지곤 하지만 시간이 지나도 잊히지 않는 경우가 있다. 필자에겐 그런 인물이 딱 두 명 있는데, 그중 한 명이 김상문 ㈜아이케이 회장이다.

2014년 처음 인터뷰한 후 그와 인연이 이어지면서 그의 삶을 한번 정리해 보면 좋겠다는 생각을 했다. 단순히 그가 자수성가 한 인물이어서가 아니다. 그런 인물들이야 널리고 널린 게 한국 사회 아닌가.

김 회장이 걸어온 길은 성공의 천운을 타고난 것도, 그저 시대를 잘 만난 것도, 선천적으로 뛰어난 능력과 혜안을 지닌 것도 아니었다. 가난한 집안에서 태어나, 중졸 학력의 그저 그런 흙수저였던 그가 스무 살 나던 해 군대에서 각성을 통해 자신의 한계를 딛고 일어서는 과정, 평생을 독서와 학습·운동으로 자신의 부족함을 채워가는 여정, 어려움이 닥칠 때마다 포기하거나 좌절하지 않고 이를 극복하기 위해 끊임없이 노력하고 도전하는 모습은 필자는 물론 많은 사람에게 좋은 귀감이 되리라 확신했기 때문이다. 그러던 차에 필자 나름대로 그의 삶과 철학을 정리할 기회를 얻어 감사할 따름이다.

김 회장의 성공 스토리는 우리와는 차원이 다른, 우리가 흉내 낼 수 없는 거창한 이야기가 아니다. 누구나 마음만 먹으면 따라 할 수 있는 게 그의 성공 비결이다. 다만 그렇게 하는 사람이 드물 뿐이다.

스스로 흙수저라 폄훼하고 자포자기하는 요즘 청춘들에게, 이제 새로운 도전에 나서야 하는 중장년에게, 그리고 인생의 황혼기를 준비하는 60대에게 그의 노력하는 자세와 도전 정신은 진한 여운과 함께 '나도 할 수 있다'는 용기를 주기에 충분하리라 확신한다. 아직 자신이 갈 길을 찾지 못한 이가 있다면 그의 삶을 따라 해보기를 강력히 추천한다.

최근 청년들의 좌절이 흉악 범죄로 잇따라 표출되면서 사회문제가 되고 있다. 이들은 지금 세상에서 자신이 가장 불행하다고 생각하고, 자포자기 상태에 빠져 극단의 행동을 하는 것이 아닌가 싶다. 이런 청춘들이 더 늘어날지 모른다고 생각하니 가슴이 먹먹해진다. 정녕 이들이 선택할 수 있는 게 그 길밖에 없었을까?

김 회장의 삶은 좌절한 청춘에게 그대로 살 것인지, 아니면 지금이라도 삶을 리셋reset하고 새롭게 재생再生할 것인지 일깨워줄 좋은 텍스트가 될 것이다.

사람은 자기가 보고 싶은 것만 보는 습성이 있다. 아는 만큼만 보이는 법이다. 이 책은 필자의 작은 그릇으로 본 김상문 회장의 일부분일 뿐이다. 그의 진면모를 온전히 담아내지 못한 필자의 부족함과 졸필을 너그러이 용서하시길.

2024년 2월 최호열

CONTENTS

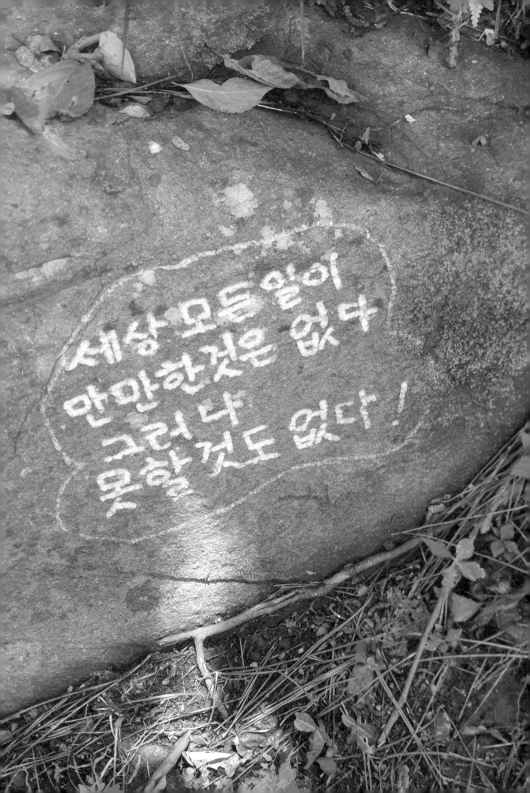

　길을 걷는다. 타박타박. 뒤따라오는 일행이 조금 뒤처진 게 느껴진다. 잠시 걸음을 멈추고 사위四圍를 둘러본다. 진도 쉬미항을 지나 우수영으로 넘어가는 고갯길. 아직은 늦겨울이라 바닷바람이 차갑건만, 추위에 웅크린 소나무들 사이로 매화 한 그루 꽃을 피워 봄을 재촉한다. 매화 꽃잎이 세상 처음 나온 아기처럼 뽀얀 얼굴로 세상을 향해 인사한다.

　임을 만난 듯 마음이 설레어 매화꽃을 한참 바라본다. 무릇 생명은 처음이 아름다운 법. 입가에 절로 미소가 피어난다. 어느새 봄이구나. 어깨에 내려앉은 따스한 햇살이 토닥토닥 지친 등을 위로해준다. 다시 힘을 내라고.

　멀리 보이는 바다에선 쉼 없이 파도가 밀려와 하얀 포말을 일으키며 부서진다. 어서 빨리 가자고 재촉하는 게 꼭 세월 같다. '이놈의 세월 좀 쉬었다 가지. 꽃구경도 하고, 나하고 두런두런 이야기도 하면서' 하는 생각에 피식 웃음이 나온다.

고희古稀를 맞아 제주 올레길을 완주한 게 계기가 되어 내친김에 전국의 둘레길을 걷고 있다. 그저 조국 산천을 두 발로 걸으며 온몸으로 느껴보고 싶어서다. 그런데 걷다 보면 자꾸 자연이 말을 걸어온다. 바람이 묻는다. '걷고 성찰하며 무엇을 배웠느냐?'고. 돌멩이가 묻는다. '네가 꿈꾸고 부모님이 바라던 그런 사람으로 살아왔는가, 지금 그렇게 살고 있는가?' 하고.

돌아보니 칠순이 넘었고, 사업을 시작한 지도 30년이 넘었다. 세월은 날아가는 화살 같다더니 정말 순간이다. 지난날이 주마등처럼 스쳐 지나간다. 부끄럽기도 하고 느껍기도 하다. 가야 할 길이 아직 멀구나….

뒤따라오던 일행이 어느새 그의 옆으로 옹기종기 모였다. 그가 경영하는 ㈜아이케이 직원들이다.

한 직원이 그에게 묻는다. "저도 회장님처럼 열심히 노력하면 성공할 수 있겠죠?"

다른 직원이 웃으며 핀잔을 한다. "노력한다고 다 성공하나요. 그럼 세상에 성공한 사람들 천지게요?"

그가 말한다. "안 된다고 생각하면 되는 일이 없지만, 된다고 생각하면 안 되는 일도 없지. 어제의 나보다 나아진 오늘의 나를 만드는 노력을 끊임없이 하다 보면 반드시 성공할 수 있는 법이야. 누구나 성공할 수 있어. 다만 사람들이 대부분 지레 포기하고 시도하지 않을 뿐이지."

직원이 말한다. "회장님이 특별하신 거죠. 회장님처럼 그렇게 평생을 끊임없이 노력하면서 살기가 어디 그리 쉬운가요."

그가 대답한다. "오늘 우리가 길을 걷고 있지? 아무리 힘들어도 다음 목적지에 도착할 때까지 걸어야지, 힘들다고 중간에 포기하고 멈출 수는 없는 거잖아. 우리를 목적지까지 데려다줄 차가 있는 것도 아니니까, 무조건 걸어서 목적지까지 가야 하는 거지. 인생도 그런 거야. 목표를 정했으면 거기에 도달할 때까지 무조건 노력해야 하는 거야. 남이 대신 가줄 수 있는 게 아니거든."

그가 직원들을 찬찬히 바라보며 말을 이어간다.

"저기 고갯길 정상이 보이지? 저 정상이 이 길의 끝은 아니야. 정상에 오르면 더 높은 정상이 보이고, 또 그 정상을 향해 가는 새로운 길이 있어. 우리가 힘들다고 여기서 멈추면 더 높은 정상도, 새로운 길도 영원히 보이지 않아."

직원들이 고개를 끄덕인다.

"내가 자네들에게 늘 운동을 강조하는 게 정상에 오르려면 체력이 꼭 필요하기 때문이야. 그리고 길을 잃지 않으려면 지도와 나침반이 필요하듯이 인생의 길을 걷는 데 꼭 필요한 게 지식과 지혜야. 인생의 지도와 나침반 역할을 하거든. 그 지식과 지혜를 얻기 위해 독서와 평생학습을 하라고 강조하는 것이지."

잠시 고갯길 정상을 응시하던 그가 자리를 털고 일어나 정상을 향해 다시 걸음을 옮기며 자작시 한 편을 읊조린다.

길

조국 산천 걸어간다
좋은 길
나쁜 길
편한 길
힘든 길
인생이나 길이나 그게 그거다
섞여 있는 것이 세상 이치다

모두 그렇다

그날 밤, 낮에 직원들과 나눈 대화가 머릿속을 떠나지 않던 그는 펜을 들어 직원들에게 편지를 쓴다.

"직위를 떠나서 인생 선배로서 진솔한 마음으로 부탁한다.

나는 굴절 많은 인생을 살아왔고 실수도 많이 했으며 후회가 따르는 행위도 있었다. 그만큼 흠결이 많은 사람이다.

그럼에도 나이가 들수록 점차 나아지는 인생을 살아왔고, 살고 있고, 지금도 노력하고 있다.

그렇다. 정말 괜찮은 인생은 점차 나아지는 인생을 살아가는 사람이다. 처음부터 완전한 사람은 없다.

몸과 마음을 닦아라. 운동과 독서로 몸과 마음을 연마해라. 그런 사람이 멋진 인생을 살아간다.

하늘은 늘 시간과 기회를 평등하게 주지만 그것을 자신의 것으로 만드는 사람은 많지 않다. 나는 여러분 중에 그런 사람을 많이 보는 것이 소원이다.

여러분 모두의 성장을 온몸으로 기원한다.

이 험한 세상 함께 걸어가자."

여기 한 사람이 있다.

빈농의 아들로 태어나 중졸 학력에 빈손으로 사업을 시작해 중견기업을 일군 사람.

도저히 앞이 보이지 않는 상황에서도 절대 포기하지 않고, 길이 없으면 길을 만들어가며 회사를 국내 최고의 종합환경기업으로 키워낸 사람.

50대 후반에 고졸 검정고시에 합격하고 70세가 넘은 나이에 석사학위를 취득하고 박사과정을 밟는 등 평생학습을 실천하는 사람.

평생 '독만권서 행만리로讀萬卷書 行萬里路, 만 권의 책을 읽고 만 리 길을 걷는다'를 실천하는 사람.

사재를 털어 재단을 설립해 소외 지역 청소년들이 독서를 통해 스스로 인생을 개척하도록 돕는 사람.

사업하는 틈틈이 16권의 책을 저술하며 자신이 평생 얻은 지식과 삶의 지혜를 나누어주는 사람.

환갑에 골프장 144홀을 하루에 걸어서 돌고, 고희를 맞아 총 5035킬로미터에 달하는 대한민국 5대 둘레길제주 올레길, 남파랑길, 해파랑길, 서해랑길, 평화누리길을 최초로 완주하는 등 자신의 한계를 넘기 위해 늘 도전하는 사람.

흙수저로 태어나 오직 자신의 노력과 의지로 인생을 개척해 성공 신화를 일군 김상문金相文 ㈜아이케이 회장이다. 그는 말한다. "어렵고 힘든 일일 수는 있지만 포기하지 않으면 무엇이든 불가능한 일은 아니다"라고.

Part 1.
길이 없으면 만들어 가자

———— 가난에 대한 울분

　　김상문 회장은 1952년 충북 보은군 이평리에서 태어났다. 이평은 배나무 이梨 자에 들 평坪 자로, 배나무 들판이라는 의미를 담고 있다. 그래서 주민들은 보통 '뱃들'이라고 한다.

　그가 태어난 곳은 작은 언덕을 품은 농촌 마을이다. 마을을 지키는 수호목 구실을 하던 수백 년 된 팽나무가 그의 생가 바로 앞에 있었다고 한다. 지금은 팽나무도 베어내 사라지고, 생가도 사라지고, 그 자리에 주유소가 들어섰다. 어린 시절 뛰놀던 뒷동산엔 보은군청 신청사가 들어섰다. 집 앞의 너른 논밭만이 옛 기억을 더듬게 할 뿐이다.

　아버지는 그가 태어나고 얼마 후 환갑을 맞았을 정도로 연세가 많았다. 어머니도 당시 우리 나이로 39세였으니 그는 한참 늦둥이였다. 어머니에게는 자식이 그 하나였지만, 아버지에게는 사별한 전 부인 소생이 6명이나 되었다. 그가 태어났을 때 큰형님, 큰누님은 이미 결혼해 조카가 있었다. 어렸을 때 그 밑에 형, 누나들도 줄줄이 결혼했다. 그때마다 조금 있던 논밭을 떼어주고 나니 남은 것은 사는 집 한 채가 전부였다고 한다.

　"그래도 늦은 나이에 얻은 자식이니 얼마나 귀하고 예뻤겠어요. 당연히 저는 응석받이로 자랐죠. 어머니는 없는 살림에도 명절이면 옷 한 벌이라도 해주려고 하셨고, 철없는 저는 그게 당연한 줄 알고 자랐죠. 천둥벌거숭이처럼 친구들과 함께 산과 들, 냇가로 뛰어다니고 놀면서 하루를 보냈어요."

초등학교 5학년이 되었을 때 아버지는 칠순이 가까웠고, 어머니도 쉰이 되었다. 농사일이 힘에 부칠 연세였다. 아버지와 어머니는 더는 농사로 살림을 꾸려가기가 힘들다고 판단했는지 고향 집을 정리하고 당시 보은읍 중심지였던 삼산리로 이사해 하숙집을 운영했다. 시장 골목에 있던 하숙집은 방이 몇 개 되지 않아 겨우 입에 풀칠할 정도였다.

당시만 해도 보은은 인구 12만 명이 넘는 제법 큰 고장이었다. 보은은 동학농민운동 당시 영호남 농민군이 이곳에 모여 대규모 집회를 열었을 정도로 교통 요지여서 5일장도 규모가 컸다. 장이 서면 사람들이 지나다가 어깨가 서로 부딪칠 정도로 북적거렸다.

지금이야 청주–상주 간 고속도로가 있어 전국 어디서나 당일치기로 왔다 가는 게 가능해졌지만, 당시만 해도 교통편이 안 좋은 시절이라 보은에 왔다가 당일에 돌아가지 못하고 하숙집에서 하룻밤 묵고 가는 외지인이 제법 있었다.

하지만 호시절도 잠시, 시설 좋은 여관들이 잇따라 들어서면서 하숙집은 눈에 띄게 손님이 줄었다. 그래도 어머니는 낙담하지 않았다. 손님이 없는 날이면 시장에 나가 좌판을 벌이고 이것

저것 가져다 팔았다. 추위, 더위와 싸우면서도 어머니는 꿋꿋하게 가족 생계를 책임졌다. 그런 어머니의 생활력 덕분에 그는 중학교라도 마칠 수 있었다.

철이 없던 그는 노점을 하는 어머니가 부끄러웠다. 그리고 가난한 집안 형편이 불만으로 다가왔다.

지금은 중학교가 의무교육이지만 당시는 그렇지 않았다. 분기마다 수업료를 내야 하는데, 밀리기 일쑤였다. 그러면 수업 중에 서무과장이 교실에 들어와 수업료를 내지 못한 학생들을 한명한명 불러내 "집에 가서 수업료를 받아오라"며 학교 밖으로 내몰았다. 집에 가도 돈을 받을 수 없을 게 뻔했기에 집에 갈 수도 없었다.

"당시 학교 담장이 측백나무였는데, 그 밑에 쪼그리고 앉아 가난에 대한 원망을 곱씹곤 했죠. 왜 우리 집은 가난할까, 돈이 뭐지…. 그런 게 쌓이다가 한번은 이런 일이 있었어요. 등굣길에 '오늘은 꼭 수업료를 내야 한다'고 말씀드렸는데 어머니가 '없으니까 그냥 가라'고 하시더라고요. 그 말에 울컥 화가 나서 '우리 집은 왜 이렇게 돈이 없어' 하고 소리를 지르면서 집을 나서는데, 대문을 거세게 닫았던 모양이에요. '꽝' 하는 소리가 너무 크게 들려서 저도 깜짝 놀랐으니까요. 그 '꽝' 하는 소리가 지금도 귀에 쟁쟁해요. 부모님은 그 소리를 들으면서 얼마나 속이 상하셨을까…. 지금도 후회가 돼요. 가난 자체도 원망스러웠지만 부모님에 대한 원망도 컸어요. '왜 능력이 없으셔서 자식 학비도 제대로 못 줄 정도로 가난할까' 하는….”

공부가 제대로 될 리 없었다. 집안 형편상 대학 진학은 꿈도 꿀 수 없으니 공부를 해야 할 이유가 없었다. 자연히 책과는 멀어졌고, 수업이 끝나면 친구들과 어울려 다니며 어영부영 시간만 죽이는 나날이 이어졌다.

당시는 공부는 잘하는데 대학에 진학할 집안 형편이 안 되는 학생들은 공업고등학교로 진학했다. 하지만 3년 동안 공부를 등한시했으니 붙을 리가 없었다. 그렇다고 재수할 형편도 못 되었다. 부모님의 성화에 억지로 농업고등학교에 입학했지만, 새삼스럽게 공부가 될 리 없었다.

그는 학교에서 '요주의'로 꼽을 정도로 방황했다. 권투도장에 다니며 마음에 쌓인 울분을 샌드백에 쏟아내기도 하고, 술 담배에 손을 대기도 했다. 두 번이나 정학을 맞고, 결국 2학년 때 자퇴했다.

사람은 희망이 보이지 않을 때 둘 중 하나를 선택하게 된다. 그냥 주저앉든가, 희망을 찾아 나서든가. 그가 희망을 찾으려 선택한 게 공무원 시험이었다. 공무원 시험은 학력 제한이 없었다.

술 담배도 끊고 공부를 시작했다. 집에서는 눈치가 보여 시골에 있는 친구 집으로 갔다. 친구 부모님은 아들 친구를 홀대하지 않았다. 농사를 조금 거들면서 밥을 얻어먹었다. 하지만 친구 집에 계속 얹혀 지내는 것이 눈치도 보이고 서울이란 곳이 궁금하기도 해서 구로동에 있는 플라스틱 제조공장에 취업하기도 했다. 하지만 취업 5개월 만에 '이건 내가 평생 할 수 있는 일이 아니다' 하는 생각이 들어 집으로 돌아왔다.

─────── 달빛 아래 굳은 맹세

집에 돌아오니 징집 영장이 나와 있었다. 1972년 초, 입대했다. 증평 37사단 훈련소를 거쳐 경기도 파주에 있는 25사단 213포병대대로 자대배치를 받았다.

자대배치를 받은 지 몇 달 지나지 않은 신병 시절이었다. 보초는 원래 순번으로 돌아가며 서게 되어 있다. 하지만 현실은 신병들이 가장 힘든 한밤중이나 새벽에 보초를 서게 마련이다.

유난히 달이 밝은 밤이었다. 달을 바라보며 보초를 서는데, 갖가지 상념이 떠올랐다. 그러다 자신의 처지를 되돌아보았다. 중졸 학력, 가난한 집안, 연로하신 부모님에다 뒷배가 되어줄 연줄 하나 없는 나. 믿고 의지할 것 하나 없이 인생을 스스로 헤쳐나가야 한다고 생각하니 커다란 장벽이 앞을 가로막고 서 있는 것 같았다. '어떻게 살아야 하지?' 하는 막막함이 밀려왔다. 비로소 정신 못 차리고 방황하며 허투루 흘려보낸 지난날에 대한 후회가 밀려왔다.

더는 이렇게 살아서는 안 되겠다는 생각이 들었다. 그럼 어떻게 살지? 특별한 기술이 없으니 할 수 있는 일은 막노동 같은, 육체의 힘을 써서 먹고사는 직업 외에는 할 게 없었다. 기술 없이 공장에 취직하는 건 경험을 해봐서 아니다 싶었다. 농사를 짓는 건 농고에 다니면서 자신에게는 맞지 않는다는 걸 절감했다. 더구나 농사지을 논밭이 있는 것도 아니었다. 장사를 할까? 돈이 없으니 노점에서 시작해야 하는데, 평생 노점을 한 어머니를 봐서는 그렇게 해서는 형편이 나아질 것 같지 않았다. 복싱을 배우긴 했지만 그 길은 아니라는 걸 이미 깨달았다.

이리저리 생각해 봐도 자신이 할 수 있는 건 공무원 시험에 합격하는 길밖에 없었다. 그래야 안정적으로 월급을 받아 연로하신 부모님을 조금이라도 편히 모실 수 있겠다는 생각이 들었다. '그래 공부를 해서 운명을 바꾸자.' 그는 달빛 아래에서 이렇게 굳은 맹세를 했다.

다음 날부터 공부를 시작했다. 보초 근무하러 갈 때마다 미리 준비한 책을 품 안에 숨기고 나갔다. 그리고 불빛이 퍼져나가지 않게 군용 손전등 앞을 종이로 가리고 그 불빛에 책을 읽었다.

집중해서 책을 읽다 보면 누가 가까이 오는 걸 눈치채지 못할 때가 많았다. 순찰하는 주번사관이 오는 것을 알아채지 못해 "경계근무 중에 딴짓한다"며 혼나기 일쑤였다. '군기 빠진 놈'이라고 엎드려뻗쳐 같은 얼차려를 받는 것은 예삿일이었고 구타를 당하기도 했다. 주번사관은 "또다시 걸리면 영창을 보내겠다"고 으름장을 놓기도 했다. 겁이 나기도 했지만 오기도 생겼다. 오기가 두려움을 이겼다. 그는 포기하지 않고 악착같이 공부했다.

'신병이 보초를 서는 시간에 공부한다' '아무리 때려도 계속 책을 보는 이상한 놈이 있다'는 소문은 금세 영내를 돌고 돌아 중대장 귀에까지 들어갔다. 하루는 중대장이 부른다고 해서 가보니 보초를 서는 시간에 책을 보는 이유를 물었다. 그는 자신이 처한 상황과 각오를 솔직히 털어놓았다. 이야기를 다 들은 중대장은 잠시 생각하더니 "앞으로 온종일 보초를 설 수 있겠나?" 하고 물었다. 군대 용어로 '말뚝 보초'를 서라는 것이었다. 중대장으로서 그가 공부할 수 있도록 최대한 배려해 준 조치였다.

'말뚝 보초'는 말 그대로 혼자서 온종일 보초를 서는 것으로, 원래는 선임들 몫이었다. 낮에 훈련이나 다른 작업을 하지 않아서 편하기 때문이다. 하지만 겨울엔 이야기가 다르다. 추운 겨울, 그것도 야외에서 온종일 서 있는 게 보통 고역이 아니었다. 그래서 선임들도 피하는 게 '한겨울 말뚝 보초'였다. 그래도 그는 추위와 상관없이 마음껏 공부할 수 있다는 사실에 기뻐하며 그러겠다고 했다.

다음 날부터 아침 6시에 기상해 빨리 식사를 하고 보초 막사로 갔다. 점심을 먹기 위해 잠깐 교대하는 시간을 제외하고 오후 6시까지 보초를 섰다. 거의 12시간을 서는 셈이다. 보초를 서는 내내 공무원 시험 공부를 했다.

전방의 겨울은 매섭게 춥고, 길었다. 혹독한 추위를 피해보려고 보초 막사에 추수하고 남은 논에 깔린 짚단을 가져다 놓고 그 속에 웅크리고 앉아 공부하기도 했다.

그렇게 겨울을 나고 따뜻한 봄이 되었다. 이젠 선임들이 그 자리를 탐낼 만도 했건만 지난겨울을 혹독하게 견딘 그에게서 그 자리를 빼앗아가지 않았다. 두 번째 겨울엔 중대장이 외곽이 아니라 조금 더 편한 곳에서 보초를 서도록 배려해 주었다.

다음은 군대에서의 공부와 관련해 김 회장과 나눈 일문일답이다.

공무원 시험 공부는 어떻게 했나요.

"영어는 중학교 1학년 교과서부터 외우기 시작했고, 수학은 초등학교 4학년 산수부터 풀었어요. 교과서나 필요한 책은 친구들에게 부탁해서 구했죠. 휴가 때 챙겨 오기도 하고요. 학교 다닐 땐 대충 봐서 모르고 넘어갔던 내용이 집중해서 보고 또 보니까 이해가 되더라고요. 아니, 이해될 때까지 계속 파고들었죠. 우리나라 교육과정은 단계별로 되어 있어서, 예를 들어 1학년 과정을 완벽하게 이해하면 2학년 과정은 어느 정도 이해하는 게 가능해요. 또 2학년 과정을 완벽하게 이해하면 3학년 과정을 어느 정도 이해할 수 있게 되고요. 그렇게 군대 생활 3년 동안 공부에만 전념했더니 전역할 때쯤엔 인문계 고등학교 교과과정까지 모두 마스터할 수 있었죠."

영어나 수학은 주위에서 가르쳐주는 사람이 없으면 힘들었을 텐데요.

"주변에 물어볼 사람도 없었어요. 오직 혼자 힘으로 해야 했죠. 모르는 것은 알게 될 때까지 계속 연구했어요. 풀리지 않던 수학 문제를 스스로 해결했을 때 그 희열은 말도 못 하죠. 영어도 계속 단어·숙어를 외우고 문법을 열심히 외우다 보면 다 이해가 되었고요. 남에게 물어봐서 쉽게 알게 된 것은 쉽게 잊어버리지만 계속 생각해서 어렵게 내 힘으로 답을 찾은 것은 온전히 내 것이 되는 법이죠. 그렇게 한 것이 전역 후에 아이들을 가르칠 수 있는 실력이 된 것 같아요. 초등학생부터 고등학생까지 제게 어떤 질문을 해도 다 대답할 수 있게 되었거든요."

공무원 시험 공부만 한 건가요.

"부대 안에 책을 모아놓은 책장이 있었는데, 제가 자청해서 그곳 청소 당번을 맡았어요. 책에 대한 갈증이 제 안에 있었던 겁니다. 공무원 시험 공부 이외의 시간엔 책장에 있는 책을 닥치는 대로 읽어나갔어요. 책을 읽으면 우선 재미가 있고, 시간도 빨리 갔어요. 그때 《대망》《대지》《한국문학 전집》을 비롯해 책장 안에 있는 책은 다 읽었죠. 이런 독서 습관이 지금까지 계속되고 있으니 군 생활이 제 인생을 바꾼 셈이죠. 밤낮으로 책을 읽고 공부한 탓에 입대할 때 1.2이던 시력이 전역하고 나서는 0.4로 떨어졌어요. 시력이 나빠진 것은 가슴 아픈 일이지만 영광의 상처요 흔적인 셈이기도 하죠. 지금은 시력 저하로 예전만큼은 못 하지만 한창일 때는 한 해에 200권 이상을 읽었어요. 이러한 습관이 모래사장에 빗물이 고이듯 알게 모르게 꾸준한 지적 성장으로 자연스레 이어진 거죠."

군대라는 곳이 계급이 올라갈수록 나태해지기 쉽잖아요. 꾸준히 공부하는 게 쉽지 않았을 텐데요.

"다른 생각이 들지 않았어요. 오직 이 길밖에 없으니까요. 다른 선택의 여지가 있어야 '이거 안 되면 저거 하지 뭐' 하는 생각에 나태해질 수 있는 거예요. 저에겐 오직 그 길밖에 없으니까 무조건 가야 했어요. 이게 제가 부모님에게 물려받은 DNA인 것 같아요. 한번 결심하면 쭉 가는 편이거든요. 그야말로 생존을 건 심정으로 독하게 공부를 계속했죠."

선임이나 동료들은 협조적이었나요.

"지금도 고마운 게 중대장이 공부할 여건을 만들어주고, 동기들이 저를 이해해 준 점이에요. 가끔 군대 동기들을 만나는데, 만나면 이구동성으로 '그때 이미 너는 반드시 성공할 줄 알았다'고 말해요. 자기들은 이해가 안 되었대요. 어떻게 저렇게 열심히 책만 파고들 수 있는지. 사람이 어떤 결심을 했다가도 난관이 생기면 포기하고 주저앉게 마련인데, 저에겐 그 난관이 죽기 살기로 꼭 넘어야 하는 대상이었어요. 그렇게 하는 게 습관이 되니까 난관이 저를 더 높은 곳으로 오르게 하는 사다리가 되어주었죠. 플라톤이 말했잖아요. '자기 자신을 이기는 것이 승리 중에서도 가장 큰 승리다'라고. 그렇게 3년여의 군 생활은 힘들고 고생도 많았지만, 한편으로는 새로운 인생으로 태어나게 한 더없이 소중한 기간이었죠."

─── 잘나가는 과외 선생

1974년 말, 군에서 제대하고 집으로 돌아왔다. 집안 형편은 조금도 나아지지 않았다. 환갑이 넘은 어머니는 여전히 시장바닥에서 겨울 추위를 온몸으로 견디며 노점으로 살림을 꾸려가고 계셨다.

공무원 시험은 5월에 있었다. 그는 밤낮으로 집에 틀어박혀 공부에 매진했다. 그러던 어느 날, 옆집에 사는 분이 찾아왔다.

이웃집 숟가락이 몇 개인지까지 다 아는 게 시골이다. '옛날에 부모 속을 꽤나 썩이던 놈이 군대 갔다 오더니 완전히 달라져서 열심히 공무원 시험 준비를 한다더라' 하는 소문이 퍼진 모양이었다. 옆집 사는 분은 그에게 "겨울방학 동안 공무원 시험 공부하면서 틈틈이 중3 올라가는 우리 아들 녀석 공부도 좀 봐달라"고 부탁했다. 그렇게 그에게 첫 제자가 생겼다.

성적이 반에서 중간 정도 하는 학생이었는데 테스트를 해보니 특히 수학이 뒤떨어졌다. 중3 수학 과정은 가르쳐도 모를 수밖에 없을 것 같아 초등학교 3학년 산수부터 풀게 했다. 온종일 녀석을 옆에 앉혀놓고 공무원 시험 공부를 하는 틈틈이 문제 푼 걸 확인하고 모르는 부분은 완전히 이해할 때까지 가르쳤다. 초등학교 3학년 산수를 완벽하게 마친 후 초등학교 4학년 산수를 풀게 했다. 그렇게 해서 겨울방학 동안 중학교 2학년 과정까지 모든 과목을 끝냈다.

"개학 후 첫 시험에서 이 녀석이 반에서 3등을 했어요. 집에서, 학교에서, 동네에서 난리가 났죠. 이집 저집에서 아이를 맡기기 시작하더니 금세 중학생을 학년별로 그룹을 만들어 가르쳐야 할 정도로 모여들었어요. 용돈벌이로 시작한 게 집안 생계를 책임질 수 있는 규모가 되어버린 거죠."

그가 가르치는 방법은 간단했다. 그날 가르친 것을 테스트해서 확실하게 이해한다는 게 확인되었을 때에야 집에 보냈다. 수학은 완벽히 알고 풀 때까지, 영어는 단어와 숙어를 다 외울 때까지 집에 보내지 않았다. 수업 시간이 끝났어도 다른 학년 가르칠 때 옆에서 수학 문제를 풀고 영어 단어를 외우게 했다.

부모들은 과외 공부하러 간 아이가 밤늦도록 돌아오지 않자 걱정되어 찾으러 왔다가 그 시간까지 공부하는 모습을 보고 감동했다. 대충 시간만 채우는 게 아니라 진짜로 아이가 알 때까지 가르치는 걸 눈으로 확인했으니 감동할 수밖에. 아이들은 아이들대로 남 보기가 창피해서라도 제시간에 집에 가기 위해 더 열심히 공부했다.

당시 보은중학교는 시험을 보면 학년별로 성적 우수자를 시상했다. 그에게 배운 학생들이 수상자의 대부분을 차지했다. 그에게 배운 학생은 공부를 잘한다는 소문이 더 멀리 퍼져나갔다. 고등학생도 찾아오고 초등학생도 찾아왔다. 초등학교 4·5·6학년, 고등학교 1학년 그룹을 추가로 만들었다. 오후 3시부터 자정까지 학생들을 가르쳤다. 나중엔 새벽 5시에 수업하는 새벽반까지 만들었다.

1년도 안 돼 학생이 200명을 넘어섰고, 대기자까지 생겼다. 방학 때는 학생이 더 몰려들어 아르바이트 대학생을 채용할 정도였다. 웬만한 학원 규모를 넘어서는 수준이었다.

당연히 읍내에 있는 다른 학원에서 견제가 들어왔다. 처음엔 '고등학교도 안 나온 사람이 뭘 가르칠 수 있겠냐'는 마타도어가 성행했다. 하지만 그런 소문은 금세 사라졌다. 학생들이 "저 선생님은 모르는 게 없다"고 입소문을 냈고, 무엇보다 학생들 성적이 그의 실력을 증명해 주었기 때문이다.

그는 자신의 제도권 학력이 낮은 것을 비방하거나 부정적으로 말하는 사람들에게 당당하게 말했다. "그래, 나 독학했다. 어느 학원장이든, 과외 선생이든 나랑 같이 시험을 봐서 누가 더 실력이 좋은지 겨뤄보자." 나서는 이가 아무도 없었다.

그러자 이번엔 불법으로 학원을 운영한다는 신고가 들어왔다. 단속이 이어졌다. 학생 숫자가 눈감아줄 수 있는 개인 과외 수준을 뛰어넘는 규모였기 때문이다. 학원을 차리는 것 말고는 답이 없었다. 그는 지금까지 벌어들인 수입을 모두 투자해 멋진 학원을 운영하는 미래를 꿈꿨다. 시련의 파도가 밀려오기 전까지는.

다음은 이 시기와 관련해 김 회장과 나눈 일문일답이다.

그 많은 학생을 모두 기초 과정부터 제대로 이해할 때까지 가르치는 게 쉽지 않았을 텐데요.

"처음엔 성적이 떨어지는 학생들이 왔지만, 소문이 나면서 원래 공부를 잘하거나 스스로 공부하려는 마음이 강한 애들이 찾아왔어요. 그런 애들은 동기부여만 해주면 돼요. 스스로 알 때까지 데리고 있으면 죽기 살기로 공부하죠. 저도 과외를 하면서 가르치는 실력이 많이 늘었어요. 교학상장敎學相長이란 말처럼 잘 모르는 과목이나 내용은 배워가면서 가르쳤죠. 지금도 다방면에 걸쳐 남아 있는 지식은 그때의 소득이라고 할 수 있어요."

당시 가르친 학생들의 진학 성적은 어느 정도였나요.

"중학교 때부터 배운 학생들은 대부분 지역 명문인 청주고등학교에 진학했어요. 거기서 서울대에 들어간 제자도 많아요. 더 나아가 사법고시와 행정고시에 합격한 제자도 제법 있고요. 제가 그들에게 크게 해준 게 없어요. 스스로 열심히 공부한 학생들이었고, 저는 그들에게 공부하는 길을 가르쳐준 것뿐이니까요. 그래도 저를 스승이라고 사은회도 열어주고, 지금도 종종 찾아오니 고맙죠."

**원래 목표가 공무원 시험 합격이었는데, 시험은 왜 안 본 건가
요.**

"아이들을 가르치는 보람도 있었지만 제가 생계를 책임질 수
있다는 사실이 무엇보다 뿌듯했어요. 당시 공무원 초봉이 월 15
만 원 정도였는데, 그때 과외비로 1인당 1만 2천 원에서 1만 5천
원을 받았으니 한 달에 250만 원 훨씬 넘게 벌었죠. '보은의 돈은
김상문이가 다 쓸어간다'는 이야기가 나올 정도였으니까요. 온
가족이 생활하고도 남았고, 내일 먹을 걸 걱정할 필요가 없어졌
죠. 공무원이 되려고 한 이유가 먹고살기 위해서였는데, 과외가
잘되는데 뭐 하러 공무원 시험을 보겠어요.

───── 시련의 파도

1980년은 그에게 결코 잊을 수 없는 해다. 그해 7월 장
맛비가 무섭게 내리더니 전국적으로 큰 수해가 발생했다. 특히
보은에서 피해가 컸다. 제방이 무너져 강물이 범람하면서 보은
읍 전체가 물바다가 되었다. 수해는 그를 비켜 가지 않았다. 집
과 학원이 모두 침수되어 처참한 몰골이 되었다.

수해 복구가 채 마무리되기도 전인 7월 30일, 설상가상으로 신군부에서 교육개혁 조치를 발표했다. 과외 교습 및 입시 목적의 재학생 학원 수강을 금지한다는 시행령이 선포된 것이다. 전날까지 떠들썩하던 학원이 산속의 절간처럼 조용해졌다. 이따금 그를 걱정하는 전화만 걸려올 뿐이었다. 학원에 투자한 전 재산이 날아간 상황이었다.

꿈인가 싶을 정도로 믿기지 않는 현실이었다. 머릿속이 텅 빈 것처럼 아무 생각이 나지 않았다. 어디서부터 무엇을 어떻게 해야 할지 엄두가 나지 않았다. 갑작스러운 사태에 부모님도 아내도 그의 눈치만 볼 뿐이었다. 가족 모두 말없이 속만 태우는 상황이 몇 달간 계속되었다.

"에피소드가 있는데, 그때 과외 금지 조치를 직접 발표하신 분이 당시 신군부에서 만든 국가보위비상대책위원회 문교공보분과위원장이던 오자복 장군이었어요. 나중에 노태우 정부 시절 국방부 장관을 지내기도 했죠. 세월이 한참 흘러 어느 모임에서 그분을 만난 적이 있어요. 그때 그 이야기를 했죠. 제가 시골에서 돈을 잘 벌고 있을 때 장관님이 과외를 전면 금지하는 바람에 꼼짝없이 망했다고. 그것 때문에 객지에서 고생을 많이 했다고 했더니, 그분이 이렇게 말씀하시더군요. '그때 내가 과외 금지 안했으면 김 회장은 지금도 보은에서 그냥 학원장 하고 있었을 거

아닙니까. 나 때문에 이만큼 성공한 거예요. 그러니 나한테 고맙다고 하셔야 해요.' 그 말에 함께 웃었죠."

지금이야 웃으며 이야기할 수 있는 추억이 되었지만, 당시는 상상도 못 할 충격이었다. 그 와중에 감기를 앓던 아버지가 갑자기 병세가 위중해지며 세상을 뜨셨다. 아버지의 갑작스러운 별세는 슬픔을 넘어 애통하기까지 했다.

"상황이 좋지 않은 때에 곤경에 처한 아들을 보면서 무거운 마음으로 돌아가신 아버지 심경이 어떠셨겠어요. 큰 불효를 저지른 것 같아 창자가 끊어지는 듯한 큰 아픔으로 다가왔죠."

여전히 이 현실을 어떻게 수습해야 할지 막막했지만, 그렇다고 언제까지 주저앉아 있을 수는 없는 노릇이었다. 어머니와 아내, 어린 세 아이를 어떻게든 먹여 살려야 했다. 눈앞에 닥친 현실을 인정하고 이겨내는 방법을 찾아야 했다.

그때 한 신문사에서 그에게 어린이신문 영업을 제안해왔다. 고민 끝에 새로운 세상으로 나가기로 결심했다. 신문사와는 1976년경 보은영업지국을 맡으면서 인연을 맺었다.

당시 신문은 새벽에 서울에 있는 인쇄소에서 인쇄를 마치면 전국 주요 도시로 운송되었다. 충북 지역은 청주시외버스터미널로 보내졌고, 여기서 다시 보은을 비롯한 충북의 각 지역으로 배포

되었다. 보은 버스터미널에 신문이 도착하는 시각은 오전 7시 30분 무렵. 그가 새벽 과외를 마칠 시간이었다.

신문 배달 소년에게 버스터미널에서 신문을 가져오게 한 후 우편으로 부쳐야 하는 신문은 접지해서 우체국으로 가져가도록 하고, 150부 정도 되는 읍내 구독분은 그가 직접 자전거를 타고 배달했다. 사람들은 "뭐 그렇게까지 악착같이 돈을 버느냐"고 했지만, 그로서는 한 시간 정도 자전거를 타고 신문 배달하는 게 유일한 운동이 되었다. 돈 때문이 아니라 운동 삼아 일부러 직접 신문 배달을 한 것이다.

신문은 배달 사고가 잦다. 배달하는 사람이 이런저런 이유로 배달을 안 하는 경우가 많기 때문이다. 그 때문에 시비가 붙고, 신문 구독을 끊기도 한다. 하지만 보은은 비가 오나 눈이 오나 그가 직접 배달했으니 배달 사고가 생길 일이 없었다. 정확히 배달되는 신문이라는 인식이 자리 잡으면서 구독자가 늘기 시작했다. 게다가 그에게 과외를 받는 집에서도 자연스럽게 신문을 구독했다.

마침 동네에 사정이 딱한 학생이 있어서 그를 신문 배달을 하는 조건으로 집에서 먹이고 재우고 학교도 보냈다. 그 학생은 배달과 수금을 자기 일처럼 열심히 했다. 그러다 보니 처음에 200부 내외이던 부수가 금세 600부를 넘어섰다.

"신문 부수가 계속 늘어나고 입금도 제때제때 하니까 본사에서 저를 눈여겨보고 있었던 모양이에요. 제가 좌절했을 때 제안을 하더라고요. 지국만 운영하기에는 능력이 아까우니 어린이신문 영업을 해보지 않겠느냐고요."

신문사는 "어린이신문은 학교 단위로 구독하기 때문에 한 학교만 뚫으면 몇백 부씩 판매 부수가 늘어날 수 있다. 실적이 좋으면 준사원으로 채용도 하겠다"라며 그를 설득했다.

─── 걸어서 갈 수는 없었는가

당시 그 신문사의 어린이신문 판매가 가장 취약한 지역은 대구와 경상북도였다. 그에게 이곳의 판매 영업이 맡겨졌다. 대구·경북은 태어나 처음 가본 곳이었다. 당연히 의지할 사람도 없고, 비빌 언덕이 있을 리 만무했다. 그런데도 그는 1년 만에 이곳을 전국 최고 판매 지역으로 만들었다. 그 뒤에는 당시 그 신문사 판매국장이던 송석환 국장의 한마디가 크게 작용했다고 그는 말한다.

지금이야 자가용이 흔한 세상이지만 당시만 해도 차가 드물었다. 출장을 가려면 대중교통인 버스나 기차를 이용했다.

어느 여름날, 담당 직원이 경북 의성 지역으로 출장을 가게 되었다. 열차로 의성에 도착하니 그날따라 많은 비가 내려 도로가 유실되는 바람에 버스가 다닐 수 없게 되었다. 의성에서 다시 버스를 타고 안계까지 가야 하는 일정이었지만 버스가 운행을 안 하니 어쩔 도리 없이 포기해야 하는 상황이었다.

그 직원은 '우천으로 인해 도로가 유실돼 교통편이 없어 출장을 가지 못한다'는 내용의 출장 복명서를 본사에 올렸다. 며칠 후 출장을 마치고 돌아온 그의 책상에는 송 국장의 사인과 함께 다음과 같은 글귀가 적혀 있었다. '걸어서 갈 수는 없었는가?'

이를 본 당사자와 동료들은 한결같이 "아니 10리, 20리도 아니고 80리약 32킬로미터를 걸어서 다녀오라는 게 말이 되냐"며 웃어넘겼다. 김 회장도 처음엔 그 이야기를 듣고 웃었다.

그리고 추석이 다가올 무렵, 송 국장이 그를 부르더니 고향 보은에 있는 어르신에게 드리는 선물을 손에 들려주며 대신 전달하고 안부를 전해달라고 당부했다. 그분은 김 회장에 앞서 보은 지국을 운영하시던 분이었다. 보은에 내려와 어르신에게 송 국장의 선물을 전해드리고 함께 저녁 식사하는 중에 어르신이 이런 이야기를 들려주었다.

"예전에 내가 신문사 지국을 운영할 때는 담당 직원이 한두 달에 한 번씩 왔다네. 당시 보은에는 보은읍 말고도 회인과 속리산에 보급소가 있었지. 보통 청주에서 회인을 들러 보은읍에 왔다

송석환 국장이 어두운 밤길을 걸어서 넘어갔다 온 속리산 말티재. ©게티이미지뱅크

가 속리산에 가는 게 정해진 코스였어. 그런데 그때는 버스가 많지 않아서 보은읍에 도착하면 가끔 속리산행 버스 편이 끊겨 있곤 했지. 그럴 때면 으레 직원들은 전화로 속리산 보급소 업무를 보고 다음 날 청주로 돌아가곤 했어. 그런데 송 국장은 속리산행 버스 편이 끊긴 것을 확인하고는 들고 온 가방에서 운동화를 꺼내 신는 거야. 해가 기울어가는 저녁 무렵이었는데 속리산 보급소를 다녀오겠다며 길을 나서더라고. 내일 다녀오라고 했더니 내일은 내일 일정이 있어서 안 된다며 빨리 다녀오겠다고 하는 거야. 아무리 말려도 완강하게 거절하고 떠나더니 그날 밤 늦게야 돌아오더라고. 송 국장이 그런 사람이야. 나는 처음 보았지. 그런 사람을. 자네라면 그리할 수 있겠는가.”

그 말을 듣는 순간, 그의 머릿속이 하얘졌다.

'아, 이럴 수 있을까! 속리산까지 왕복 80여 리를, 더구나 저녁에 그 험한 말티재를 넘어가서 일을 보고 다시 온다는 게 과연 가능한 일인가? 인생을 이렇게 살 수도 있구나. 이런 인생도 있구나. 이분이라면 의성에서 안계까지도 진짜 걸어서 다녀왔겠구나.'

그는 가슴속에서 뜨거운 기운이 올라오는 게 느껴졌다. '나도 이렇게 살아야겠다' 하는 생각이 치솟았다. 평생 처음 느껴보는 충격이었고 감동이었다.

“다른 직원들도 자기 담당 구역을 다니며 송 국장의 전설 같은 이야기들을 들었을 겁니다. 보은뿐 아니라 다른 지역도 담당했으니까요. 그렇지 않았더라도 평소 그분의 근무 자세나 행동을 지켜보았을 거예요. 하지만 대부분은 '나와는 다른 사람' '유별난 사람' '자진해서 힘들게 사는 사람' 정도로 여기고 넘어간 거죠. 하지만 저는 그러지 않았어요. 그분의 말을 명심하고, 삶의 지표이자 좌우명으로 삼았어요. 힘들고 어려울 때마다 '걸어서 갈 수는 없었는가?'라는 그 말을 되새기며 제 자신에게 포기하지 않고 도전하라고 용기를 북돋워 주었고, 제가 안일함에 빠질 때마다 그 말을 되새기며 정신을 바짝 차리고 바로 세웠죠. 그 정신이 오늘의 저를 만들었다고 할 수 있어요."

───── 신은 감내할 만큼의 시련을 준다

그는 낯선 지역에서 교육 자료를 펴 들고 학교를 찾아다녔다. 어린이신문은 가정에서 개별 구독을 하기보다는 대부분 학교별로 단체 구독을 하기 때문이다. 하지만 낯선 사람이 찾아와 단체 구독을 권하는데 쉽게 응해줄 학교는 거의 없다.

어린이신문을 구독하게 하기 위해서는 학교 담당 교사를 설득하는 게 일차 관문이었다. 그는 담당 교사를 만났을 때 절대 신문 구독 이야기를 먼저 꺼내지 않았다고 한다. 학생을 가르쳐본 경

험이 있어서 선생님 마음을 조금은 알기 때문이다. 교육과 관련
된 이야기를 나누고, 도움이 될 만한 책을 선물했다. 그렇게 마
음의 문을 열게 한 후 어린이신문이 학생들 공부에 어떻게 도움
이 되는지를 이야기했다.

담당 교사를 설득한 다음엔 학교 교장을 설득해야 한다. 역시
마음을 열지 않는 교장이 대부분이었다. 매일 퇴짜 맞는 게 일상
이었다. 하지만 그는 포기하지 않았다. 경주시 감포읍에 있는 감
포중학교의 경우 한 달 동안 스무 번 이상을 찾아갔다. 마침내 교
장이 "젊은 분의 열정에 내가 두 손을 들었다"며 승낙했다. 전교
생 1천 명 중에 2백 명이 구독 신청을 했다.

"당시 감포중학교가 해안가 언덕에 있었어요. 구독 학생 명단
을 받아 들고 나오는데 학교 운동장 너머로 동해 바닷물이 출렁
이며 저를 축하해 주는 것 같았어요. 흡사 구름 위를 걷는 심정이
었죠. 그 정도로 기분이 좋았어요. 그때 느낀 게, 영업에서 가장
중요한 건 지극정성으로 계속 찾아가야 한다는 거였어요. 뚫릴
때까지 가는 거죠. 물론 그래도 안 뚫리는 경우도 있지만 대부분
은 그 정성에 넘어와요. 낙숫물이 바위를 뚫는 건 힘이 아니라 끈
기예요."

인맥 관리의 중요성도 이때 절감했다.

"학교가 제각각 독립된 사회 같지만 크게 보면 하나로 연결되

어 있어요. 선생님들도 숫자가 많은 것 같지만 이 학교에서 만난 선생님을 몇 년 후 다른 학교에서 다시 만나게 돼요."

그는 한번 인연을 맺은 교사는 다른 학교로 전근을 갔더라도 계속 연락하고 찾아가며 인연을 이어나갔다. 그러다 보니 금세 대구·경북 지역에 소문이 퍼졌다. 김상문은 의리가 있는 괜찮은 사람이라고.

"사업은 결국 인맥 관리예요. 상대방을 어떻게 해서든 내 사람으로 만드는 게 관건이죠. 사업 아이템도 중요하지만, 그것보다 더 중요한 건 내 주변에 좋은 사람들을 울타리처럼 서 있게 하는 거예요. 아무리 사업 아이템이 좋아도, 돈이 많아도 좋은 인간관계가 없으면 망해요. 신문 영업을 하면서 경영의 기본을 온몸으로 배운 거죠. 인맥 관리는 처음이 어렵지 노력하다 보면 저절로 돼요."

인연을 맺은 선생들이 동료 교사를 연결해 주는 일이 이어졌다. 어린이신문 단체 구독이 적게는 시골 학교 15부부터 많게는 도심 학교의 경우 400부까지 이뤄졌다. 담당 교사가 신청을 받아 직접 나눠주고 구독료도 직접 걷어서 주는 방식이라 신문 대금을 떼일 염려도 없었다. 1천 부도 안 나가던 대구·경북 지역이 1년 만에 3만 부가 넘는 지역으로 성장했다.

회사는 그를 경남 지역 책임자로, 다음엔 충청과 강원 지역 책임자로 보냈다. 그는 맡은 지역마다 어린이신문 판매 부수를 급성장시켜 나갔다.

그 시절 그는 새벽 4시에 일과를 시작했다. 새벽에 일어나 책을 읽고, 남보다 더 일찍 출근해 한 곳이라도 더 돌고, 한 사람이라도 더 만났다. 그는 해마다 업무 수첩을 새로 받으면 첫 페이지에 꼭 써 넣는 문구가 있다. "신은 그 사람이 감내할 만큼의 시련을 준다." "단념하고 포기한 목표와 계획이 사실은 못 하는 것이 아니라 안 하는 것이다." 책에서 읽고 마음에 와닿아 적어놓기 시작한 이 글귀는 그가 힘들 때마다 펼쳐 보며 마음을 다잡는 인생 지침이 되었다.

"항상 지금의 현실에 만족하지 않고 작은 보폭이라도 끊임없이 앞으로 나아간다면 내일은 오늘보다 더욱 나아진 모습으로 세상이 나를 바라볼 거라는 믿음으로 일했어요. 그렇게 11년 동안 전국을 다니며 많은 사람과 만나며 인생을 새롭고 크게 바라보는 틀도 키워나갔죠."

최선을 다해 일했고, 그 결과 신문사에서 좋은 평가와 함께 상도 많이 받았다. 그러다 보니 실패로 돌아간 학원 사업에 대한 아쉬움이나 미련도 말끔히 사라졌다. 그 시련이 없었다면 고향을 떠나는 일은 없었겠지만, 오자복 장관의 말처럼 어쩌면 지금까지도 보은에서 학원 원장으로 만족하며 살고 있을지도 모를 일이었다.

———— 불혹의 결단

김 회장은 군대에 있을 때 설계한 인생 계획이 있었다. 40세까지는 세상을 공부하고, 40세부터 60세까지는 사업을 하고, 60세부터는 세상에 남는 일을 하겠다는 것이었다. 마흔, 불혹不惑이면 세상 경험을 통해 주위에 미혹되지 않고 자신 나름의 뜻을 세워 펼칠 수 있는 나이이기 때문이다.

마흔이 가까워지면서 그의 마음은 새로운 삶을 위한 준비로 급해졌다. 무슨 사업을 해야 할지 결정하지 못했기 때문이다. 우선 근무지를 인천 지사로 옮겼다. 무슨 사업을 하든 서울과 가까운 데서 해야 성공한다는 생각에서였다. 본사에서 직접 관리하는 서울과 경기를 제외하고 서울에서 가장 가까운 신문 판매 지사가 인천이었다. 그동안 맡은 지역마다 최고의 판매 부수 기록을 세운 그였기에 회사는 군말 없이 인천지사장 자리를 맡겼다.

20대 시절, 그가 사업을 꿈꾼 건 가난을 탈피하고 싶어서였을 것이다. 메이저 신문사 인천지사장이면 가난에서는 어느 정도 벗어나 비교적 안정된 생활을 누릴 수 있는 위치다. 당연히 인생 계획을 수정할 법도 한데, 그는 그게 아니었던 모양이다.

그와 함께 일하는 신문사 직원들은 모두 정식 채용된 대졸 사원들이었다. 그런 사람들 틈에서 김 회장만이 중졸 출신으로 오직 성과를 통해 준사원요즘으로 치면 계약직 사원으로 채용된 처지였다. 그래서 업무 처리에 더욱 만전을 기했고, 그들보다 더 열심히 뛰었다. 그러나 조직에서 보이지 않는 벽은 높고 강고했다.

"그 사실이 힘들고 어려웠죠. 너무 힘들어 포기하고 싶을 때도 많았어요. 그럴 때마다 내면의 부정적인 나와 참 많이 싸우기도 하고 달래기도 했어요. 신문사도 제가 열심히 일한 만큼 최대한 배려해 주었어요. 그건 지금도 항상 고맙게 생각해요. 하지만 더는 어쩌지 못하는 현실에서 저 나름대로 꿈을 키운 거죠. 사람은 성장하면서 꿈이 커져야 해요. 그래서 처음에 계획한 대로 밀고 나가기로 한 거죠."

당시 그의 결심을 굳히는 데 영향을 준 경구가 있다. 명나라 말 양명학자 여신오呂新吾가 《신음어呻吟語》에서 한 말이다. "가난은 부끄러워할 일이 아니다. 정작 부끄러운 일은 가난하면서도 뜻이 없음이다. 지위가 낮다 하여 자신을 비하해서는 안 된다. 지위가 낮으면서 아무 능력이 없음을 오히려 미워해야 한다. 또한 늙음을 한탄해서는 안 된다. 오히려 아무 목적 없이 늙어감을 한탄해야 한다. 죽음이 찾아온다고 슬퍼해서는 안 된다. 죽어서 자신의 이름이 잊힘을 슬퍼할 일이다."

오전에 지사장 일을 하고 오후엔 여기저기 돌아다니며 사업 아이템을 찾았다. 이걸 알아봐야지 하는 생각은 없었다. 백지상태에서 '이거다' 하는 게 나올 때까지 돌아다녔다. 그가 세운 사업 원칙은 간단했다. 자금도 없고, 사업 네트워크도 없고, 도와줄 사람도 없는 현실에서 '내가 할 수 있는 사업'을 찾는 것이었다. 막연했지만 그는 확신을 갖고 있었다. 그동안 책을 읽으며 쌓은 지혜와 세상을 보면서 닦은 자신의 노하우를 믿었다.

당시 세상은 전두환 정권에서 노태우 정부로 바뀌면서 새로운 변화가 밀려들었다. 그중 가장 큰 이슈는 신도시 건설이었다. 주택 200만 호 건설을 목표로 분당, 일산, 중동, 평촌, 산본 등 5개 지역이 신도시 후보지로 발표되었다. 단군 이래 최대 규모의 건설 경기 붐이 수도권 일원에 폭풍처럼 일었다.

같은 뉴스를 접해도 사람마다 반응이 다르다. 대다수 사람이 '나도 내 집을 가질 수 있겠다'는 소박한 희망을 품었다면 그는 여기에서 사업 영감을 떠올렸다. 엄청난 규모의 건설 프로젝트 안에 분명 자신에게 기회가 생길 거라고 확신했다.

신도시를 건설하려면 인력은 물론 건축자재와 기계 등 무수히 많은 관련 사업이 동반된다. 그중에서도 특히 아파트를 짓는 데 꼭 필요한 건축자재 관련 사업을 하면 되겠다는 생각이 들었다. 건축자재 중에서도 건설 문외한이 쉽게 접근할 수 있는 사업이 무엇일까 고민했다.

현장을 돌아보며 레미콘과 아스콘의 원료인 골재가 눈에 들어왔다. 과거 몇 번 골재가 없어서 건설업계가 난리가 났다는 기사를 본 기억이 떠올랐다. 골재는 별다른 전문적인 기술이나 지식이 필요 없이 돌을 캐낼 수 있는 산만 확보하면 되었다.

사업에 대한 구상이 머릿속에 펼쳐졌고 계획도 정리되었다. 가장 먼저 골재를 채취할 땅부터 찾았다. 인천 지역 곳곳을 돌아다니며 채석이 가능한 석산을 찾았다.

골재를 채취할 수 있는 산은 주거지와 가까우면 안 되었다. 다른 산과 연결되어 있어도 허가를 받기가 까다로웠다. 또한 신도시 개발 지역과 너무 멀면 운송 비용 때문에 가격경쟁력이 떨어진다. 이런 조건에 부합한 산은 이미 다른 사람들이 차지한 상태였다.

주말까지 열심히 발품을 팔며 돌아다닌 끝에 마침내 알맞은 산 하나를 발견했다. 옛날엔 섬이었다가 바다를 매립하면서 육지에 편입된 검단 지역의 율도산이었다. 누가 보더라도 채석장으로 안성맞춤이었다.

───── 말도 안 되는 제안

현황을 파악하기 위해 율도산의 등기부등본을 열람해

보니 땅 주인이 중견기업 회장이었다. 그리고 산 한 귀퉁이는 또 다른 사람의 소유였다.

이 땅을 매입하는 게 관건인데, 문제는 자금이었다. 빈털터리로 시작해 신문 판매 일을 해온 그에게 큰돈이 들어가는 사업 밑천이 있을 리 없었다. 자금 문제를 해결할 뾰족한 수가 떠오르지 않았다. 그렇다고 앉아서 고민만 하고 있어서는 안 되겠다는 생각이 들었다. 일단 부딪쳐보기로 하고 직접 중견기업 본사를 찾아갔다.

버스를 타고 한참을 가다 내려 다시 본사까지 흙먼지가 날리는 비포장도로를 걸어가는 동안 어떻게 설득할지 생각하고, 할 말을 준비하고 또 준비했다.

그러나 중견기업 회장은 이런 일에 직접 관여하지 않았고, 만나주지도 않았다. 그 밑에 관리이사인 권회상 이사가 대신 만나주었다. 권 이사는 일 처리에 빈틈이 없어서 중견기업 회장이 재산 관리를 맡길 정도로 두터운 신임을 받는 사람이었다.

명함을 건네자 권 이사는 신문사 인천지사장이란 직함에 경계의 눈빛을 내보였다. 하지만 앉아서 차를 마시며 이런저런 이야기를 하다 보니 눈빛이 누그러졌다. 기회를 봐서 석산을 사서 골재 사업을 하고 싶다는 뜻을 밝히자 "신문사에 계시면서 뭔 사업을 합니까"라며 웃었다. 권 이사는 "그 산은 이미 계약이 되었는데…"라고 했다. 하지만 김 회장은 그 흐려지는 말끝에서 뭔가 말 못 할 사연이 있다는 걸 직감했다. 잠시 침묵하던 권 이사가 흘끗 그를 보며 물었다.

"그런데 사업은 어떻게 하시려고 합니까?"

"제가 지금은 돈이 없습니다. 채석 허가를 받아서 그걸 담보로 돈을 마련해 대금을 드리겠습니다. 김상문 이름을 걸고 맹세합니다."

생면부지의 사람이, 그것도 현찰을 쥐고 찾아간 것도 아니고 돈은 나중에 벌어서 주겠다는 단서까지 붙였으니 황당한 제안일 수밖에 없었다. 권 이사는 한숨을 내쉬며 "말도 안 되는 소리 하지 마세요"라며 자리에서 일어섰다.

쫓겨나듯 본사 건물을 나서는 그의 머릿속이 복잡했다. 분명 계약은 되었지만 권 이사의 말에서 지금 계약이 뭔가 깔끔하게 마무리된 것이 아니라는 뉘앙스가 강하게 느껴졌다. 돈이 오간 게 아니니 아직 게임이 끝난 건 아니다. 이대로 포기하기엔 아쉬움이 남았다. 어렵게 찾아낸 기회인 만큼 꼭 붙잡고 싶었.

주위에 수소문해서 계약의 전후 사정을 알아보았다. 인천의 중견 레미콘 회사에서 컨소시엄을 구성해 계약한 상태였다.

당시는 정부에서 비업무용 부동산에 대해 엄격히 규제했다. 따라서 컨소시엄 회사로서는 지자체로부터 채석 허가를 받지 않은 채 이 땅을 매입하면 비업무용 부동산에 해당되어 세금을 많이 물게 되기 때문에 돈이 있어도 이 땅을 살 수 없었다. 중견기업 회장으로서는 자칫 땅이 기한 없이 계약서에 매어 팔지도 못하고 묶일 수 있었다.

그런데 권 이사가 계약서에 단서 조항을 넣었다. 계약 후 1년 안에 채석 허가를 받지 못하면 계약이 파기된다는 조건이었다. 꼼꼼한 성격의 권 이사가 이런 불상사를 방지하기 위해 단서 조항을 넣은 것인데, 김 회장에겐 이 조항이 천재일우의 기회가 되었다. 컨소시엄으로서는 계약대로 1년 안에 허가를 받아야 하는데, 지분 정리 등 내부 갈등으로 인해 허가 신청을 계속 미루고 있었다.

그는 다시 권 이사를 찾아가 "제가 어떻게 해서든 허가받을 자신이 있으니 나에게 땅을 빌려주기만 하면 허가증을 담보로 돈을 마련해 바로 땅값을 지불하겠다"고 제안했다. 이렇게 허가 취득에 주안점을 두고 설득했지만 쉽지 않았다.

그렇다고 이대로 포기할 수는 없었다. 지금의 계약은 채석 허가를 못 받은 상황이니 제대로 된 계약이 아니다. 그의 머릿속에는 '허가를 받아내는 사람이 이 산의 진짜 임자가 된다. 될 때까지 해보자'라는 의지가 솟아올랐다.

그때부터 일주일에 두 번 날짜를 정해놓고 중견기업 본사를 찾아갔다. 자투리땅 소유주도 함께 찾아갔다. 자투리땅 소유주는 서울 상도동에 살고 있었다. 새벽에 인천 지사에 출근한 그는 그날 할 일을 처리하고, 업무가 끝난 오후에 대중교통으로 상도동에 들른 후 부천에 있는 중견기업 본사로 갔다. 대중교통을 3번이나 갈아타야 했고, 시간도 2시간 넘게 걸렸다.

특히 본사 앞까지는 버스가 닿지 않아 인근 정류장에서 내려 600미터 정도 비포장길을 걸어가야 했다. 비료를 실은 트럭이 계속 오갔는데, 차가 지나갈 때마다 뽀얀 먼지를 뒤집어써야 했다. 고된 길이었지만 의지 하나만으로 묵묵히 걸음을 내디뎠다. 한 번, 두 번, 세 번, 계속 발길을 이어갔다. 권 이사는 이런저런 이유를 대며 만나주지도 않았다. 그때마다 그는 메모지에 인사말과 함께 간곡한 부탁의 글을 남기고 돌아왔다. 사전 약속 없이 찾아간 사람이 겪는 말 못할 사연이 쌓여만 갔다.

속담에 열 번 찍어 안 넘어가는 나무 없다고 했지만 열 번, 스무 번, 서른 번을 찍어도 권 이사는 넘어올 기미조차 보이지 않았다. 갈 때마다 거절의 연속이었다. 그래도 그는 포기하지 않았다. 아니, 포기하고 싶지 않았다. 마음 한편에서 불끈 올라오는 '때려치우자'는 생각을 다잡기 위해 수첩을 펴고 다음에 방문할 날짜에 미리 동그라미를 쳤다. 무슨 일이 있어도 동그라미 친 날에는 무조건 찾아갔다. 눈이 오든 비가 오든 바람이 불든 상관하지 않았다.

"두 번 출근한다고 생각하고 갔어요. 가는 동안 책을 보면 되니까, 독서 시간을 확보할 수 있어 좋다고 스스로를 위로했죠."

그렇게 일주일에 두 번씩 50번쯤 찾아가자 자투리땅 소유주가 먼저 두 손을 들었다. 땅을 살 돈이 없어서 채석 권리만 갖는 조건으로 1억 원을 넘게 주고 계약했다. 채석이 끝난 후에 적지복구適地復舊, 인위적으로 훼손된 곳을 주변 경관과 어울리고 재해를 예방할 수 있도록 적절하게 복구해 되돌려준다는 조건이었다.

자투리땅 계약이 성사되니 다시 힘이 났다. 중견기업 본사를 더 열심히 찾아갔다. 방문 횟수가 늘어날수록 포기하고 싶은 마음은 오히려 줄어들었다. 그동안 들인 시간과 노력이 아까워서라도 꼭 해내고 싶었다.

"매몰비용의 오류Sunk cost fallacy라는 말이 있어요. 투자한 게 많으면 못 빠져나와요. 한 50번 가보면 그게 아까워 또 가는 거죠(웃음). 그런데 사람을 만나보면 느낌이 있잖아요. 안 된다고 딱 자르는 거랑 여지를 주면서 안 된다고 하는 거랑은 달라요. 권 이사는 된다는 말을 한 번도 한 적이 없어요. 계속 안 된다고 했지. 하지만 저는 안 된다는 그의 말에서 미묘한 뉘앙스를 느꼈고, 그래서 희망을 갖고 계속 찾아간 거죠."

—————— 114 정신

무모할 정도로 지극하게 애쓰는 김 회장의 정성과 열정에 권 이사의 마음도 조금씩 움직이는 듯했다. 50번 넘게 찾아가자 그전까지는 잘 만나주지도 않던 권 이사가 자신의 사무실로 그를 맞아들이기 시작했고, 차를 마시며 서로 살아온 이야기를 나누는 사이가 되었다. 마음을 조금씩 열기 시작한 것이다. 그는 기회를 놓치지 않고 더욱 공을 들이며 찾아갔다. 그래도 계약으로 이어지지는 않았다. 어느덧 1년 2개월이라는 시간이 흘렀고, 그가 114번째 방문한 날이었다.

1991년 초 어느 날, 여느 때와 같이 중견기업 본사로 향했다. 그날따라 권 이사의 표정이 사뭇 달랐다. 권 이사가 "회장님을 한번 설득해 봅시다"라며 그를 데리고 회장실에 들어갔다.

"회장님, 이 사람에게 외상으로 땅을 빌려줘 보면 어떻겠습니까? 제가 1년 넘게 지켜봤는데 보통 사람은 아닌 것 같습니다. 성실함으로 보나 인간됨으로 보나 믿고 땅을 빌려줘도 좋을 것 같습니다."

권 이사를 신임하던 중견기업 회장이 흔쾌히 수락했다. 그 순간, 만감이 교차하고 형언할 수 없는 기쁨과 감동이 밀려왔다. 그사이에 기존 계약이 해제된 것도 중견기업 회장이 그의 제안을 받아들인 배경이 되긴 했지만, 그가 1년 넘게 보여준 정성과

57

열정이 결정적으로 권 이사의 마음을 움직였고, 중견기업 회장 역시 그 이야기를 듣고 수락한 것이었다. 훗날 권 이사는 "무엇이든 해낼 사람처럼 보였고, 믿을 수 있는 사람이라는 신뢰가 배어났기 때문"이라고 마음을 정한 이유를 회상했다.

그는 계약서를 준비해 온 권 이사와 마주 앉았다. 이제 불청객에서 계약자로 신분이 바뀐 것이다. 물론 매매계약이 아니라 땅의 사용권을 갖는 사용계약이었다.

권 이사가 물었다. "지금 돈이 없다고 했으니, 몇 개월의 기한을 주면 돈을 마련할 수 있겠습니까?"

"허가받고 3개월 안에 갚겠습니다."

"이전 계약자는 1년이 넘도록 허가를 못 받았는데, 당신은 몇 개월이면 허가를 받을 수 있겠습니까?"

"3개월이면 될 거 같습니다."

"그러면 오늘부터 시작해 6개월 안에 갚겠다는 거군요. 그래도 혹시 모르니 2개월 여유를 두지요. 8개월 안에 갚으셔야 합니다. 그러지 못하면 이 계약은 무효입니다."

권 이사가 도장을 찍었다. 그렇게 해서 1년 2개월, 정확히 114회 방문 끝에 땅 사용에 관한 계약과 동의 서류를 받을 수 있었다.

계약서를 품에 안고 본사 건물을 나서는데 그동안 눈비를 맞으며 걸었던 비포장도로가 눈에 들어왔다. 흙먼지를 뒤집어쓰며 걸었던 그 길을 이날은 구름 위를 걷는 기분으로 걸었다. 예전에 감포중학교 교정을 걸어나올 때와 같은 심정이었다. 생애 최고의 보람과 기쁨이 밀려왔다.

한편으로는 이제 사업의 시작이라는 결연한 의지가 가슴 깊은 곳에서 올라왔다. 그는 길을 걸으며 다짐하고 또 다짐했다. '나는 성공하리라. 새로운 인생을 힘차게 출발하리라!'

루쉰은 소설 《고향》에서 "희망이란 본래 있다고도 할 수 없고 없다고도 할 수 없다. 그것은 마치 땅 위의 길과 같은 것이다. 본래 땅 위에는 길이 없었다. 걸어가는 사람이 많아지면 그것이 곧 길이 되는 것이다"라고 했다. 루쉰의 말처럼 그는 길을 만들어낸 것이다.

무제 無題

경춘묘원 찾아가는 날
흐트러지게 핀 벚꽃도 바람에 힘없이 스러지고
흐린 하늘 사이로 빗방울이 내려앉는다

생전 귀한 인연 술잔에 담아 올리며
고개 숙여 절 올리는데
울컥하고 치미는 슬픔과 그리움

그래 인생이 이런 거구나
그 짱짱하던 기백이 어제 같은 사연이
때 되면 썰물처럼 가는 것이
인간의 숙명이구나

뵙고 내려오는 길
바닥에 떨어진 비 젖은 꽃잎이 애절하다

- 김상문

*김 회장이 사업을 시작하는 데 큰 도움을 준 권희상 이사의 묘소를 참배하고 지은 시.

동백冬柏 길

무안 대사리大士里 산길 걸어가면
적적하기가 방학 맞은 시골 학교다

그래도 동백들이 줄 서서 나그네 반긴다

찾는 이 적으니
외로움 가득 쌓인 한을 분풀이하듯
온 주위를 붉게 물들인다

길 위에 쌓인 붉은 마음이나
가지 끝 매달린 뜨거운 그리움이나
모두모두 가슴에 안겨온다

아!
지금도 맘속에 피어나는 그 붉은 고갯길
언제 다시 걸을 수 있을까

- 김상문

하나 둘 셋

한겨울 칼바람 맞아봤니
정신이 번쩍 난다

송지호 건너편 산골짜기에서 달려온
찬바람이 소나무 때리며 지나가는데
얼굴이 찢기는 것 같아
그래서 칼바람이야

더구나 소나무 추워 떠는 소리까지 들리면
더욱 추워져

그래도 어쩌겠니
춥다고 안 갈 수는 없잖아
그냥 가는 거야
하나! 둘! 셋!
인생살이 험한 고비도 넘겼는데
하나! 둘! 셋!

- 김상문

Part 2.

새로운 패러다임을 열다

——— 한 달 만에 나온 채석 허가

　　사업장 부지를 확보한 김 회장은 곧바로 인천시 중구 내동의 작은 건물 2층에 사무실을 마련했다. 1991년 5월 22일, 이날은 ㈜아이케이의 전신인 인광기업이 첫걸음을 내디딘 날이다.

　이제 골재 채취를 위한 채석 허가를 받아야 했다. 바로 다음 날, 관할 관청을 찾았다. 산림과에 서류를 제출하자 담당 과장이 서류를 보더니 깜짝 놀라며 그를 불렀다.

　"이거, 계약하기 힘들었을 텐데, 어떻게 하셨어요?"

　"1년 2개월을 찾아가 설득했습니다."

　담당 과장이 고개를 끄덕였다.

　"아시다시피 이 건은 여러 부서에서 검토하고 결재해야 하는 복합 민원 사안이라 허가가 나는 데 시간이 좀 걸릴 겁니다."

　"그래요? 그러면 어느 부서를 경유해야 하는지 그것만 좀 알려주세요."

　그는 매일매일 군청으로 출근했다.

　"서류가 지금 어디에 있습니까?"

　"오늘 환경과로 넘어갔습니다."

　그는 환경과를 찾아가 빠른 처리를 부탁했다. "제 개인적인 욕심으로 드리는 부탁이 아닙니다. 지금 수도권은 공사장마다 골재가 없어 난리입니다. 신도시 건설이 차질 없이 진행되도록 나라를 위한 차원에서 검토를 서둘러주십시오"라며 명분을 내세웠다.

그렇게 매일 군청을 찾아가 서류 검토 진행이 어떤 상태에 있는지 확인하고, 검토가 끝나고 다음 부서로 넘어갈 때까지 해당 부서 민원인 대기석에 앉아서 꿈쩍도 하지 않고 지키고 있었다. 처음엔 난색을 표하던 공무원들도 그의 열정에 밀려 적극적으로 그의 서류를 먼저 검토하게 되었고, 보통 몇 개월 걸리는 과정이 한 달여 만에 마무리되었다.

그가 채석 허가를 받았다는 소문은 금세 업계로 퍼져나갔다. 그와 거래하려는 전화로 전화기가 불이 날 지경이었다. 하지만 그는 이런 전화를 받지 않고 당시 인천·경기 지역에서 가장 큰 레미콘 회사 네 곳을 찾아갔다. 허가증을 보여주고 선금을 줄 것을 부탁했다. 골재가 귀하던 시기라 모두 흔쾌히 내줬다.

그렇게 해서 그는 계약한 지 두 달 만에 예상했던 기간보다 훨씬 빨리 권 이사에게 약속한 땅 사용권 대금을 완납할 수 있었다. 나중에는 중견기업 회장 땅과 나머지 자투리땅을 완전 매입했다. 오늘날의 아이케이 본사가 위치한 땅이 바로 그곳이다. 당시 시세보다 훨씬 비싸게 샀지만, 그는 하나도 아깝다는 생각이 들지 않았다고 했다. 그에게는 그보다도 수십 배, 수백 배의 의미가 있는 땅이었기 때문이다.

"땅 사용권 대금을 완납하면서 권 이사에게 '이 고마움은 평생에 걸쳐 갚겠다'고 말했어요. 그분이 아니었으면 계약 자체가 성사될 수 없었으니까요. 그러자 권 이사가 '그런 말 하지 마시라. 안 그랬으면 죽을 때까지 나를 찾아왔을 것 아니냐'며 웃더군요. 그러면서 '사람 인심이란 게 화장실 들어갈 때와 나올 때가 다른 법이다. 급하고 아쉬우면 사정하다가도 그 일이 지나면 마음이 변하는 것이 세상 이치더라. 나는 그런 기대는 하지 않는다. 나에게 은혜를 안 갚아도 되니까 이왕 시작한 사업이니 열심히 해서 돈이나 많이 버시라'고 격려하더군요."

하지만 김 회장은 자신의 약속을 지켰다. 평생 인연을 이어가며 보답한 것이다. 권 이사가 현직에 있을 때는 물론 은퇴 후 노년기를 보낼 때도, 연로해져 병석에 누워 있을 때도 자주 찾아뵈었다. 은퇴 후에는 회사 고문으로 모시며 매월 급여를 보내드렸고, 오랫동안 병원에서 투병 생활을 할 때도 병원비를 틈나는 대로 계산했다.

하루는 자금담당 책임자가 그에게 물었다. "권 고문님 급여는 언제까지 지급할까요?"

그가 단호하게 대답했다. "돌아가실 때까지."

한번 받은 은혜는 끝까지 보은하겠다는 것이 그의 신조이고 생활철학이었다. 지금도 김 회장은 가끔 고인의 산소를 찾아 생전의 고마움을 새기고 있다고 한다.

─────── **국내 최초의 지하 채석 허가**

골재 사업은 초기 투자 비용이 많이 들어가는 데다 까다로운 허가를 받아야 하는, 진입 장벽이 높은 사업이다. 하지만 진입만 하면 큰 수익을 기대할 수 있는 사업이다. 특히 골재가 부족할 때는 가격이 천정부지로 치솟는다.

"우리가 아니었으면 골재 파동이 또 한 번 크게 났을 거예요. 신도시가 예정대로 진행될 수 있도록 골재 수급 안정에 도움이 되었다는 데 큰 보람을 느꼈죠."

레미콘·아스콘업체에서는 선금을 지급하며 그에게서 골재를 가져갔다. 현장에는 골재를 실으려 대기하는 덤프트럭이 24시간 내내 수킬로미터씩 늘어서 있는 진풍경이 이어졌다. 채석 현장은 활기가 넘쳤다.

그러나 골재가 잘나간다는 건 회사가 성장하는 일인 동시에 위협이기도 했다. 채석할 수 있는 자원이 매일 줄고 있다는 뜻이기 때문이다. 자원이 줄어든다는 건 곧 사업 종료가 다가오고 있음을 의미한다. 점점 낮아지는 산의 높이에 반비례해 걱정도 커갔다. 하지만 딱히 해결할 방법이 없었다.

시작한 지 4년이 지나자 우려했던 대로 해발고도 65미터이던 산은 눈에 보일 정도로 낮아졌다. 비슷한 상황의 다른 골재 회사들은 새로운 채석장을 찾기 위해 전국으로 동분서주했다. 그도 새로운 석산을 찾아 전국을 돌아다녔지만 마음에 드는 곳을 발견하지 못했다.

지방에 채석이 가능한 석산이 매물로 나오긴 했지만 쉽게 결정할 문제가 아니었다. 지방 이전은 김 회장 혼자 내려가는 것으로 끝나는 게 아니라 직원과 그 가족들 모두 삶의 터전을 옮겨야 하는 문제였기 때문이다. 무엇보다 1기 신도시 건설이 모두 서울 근교에서 이루어지고 있어서 지방에서 골재를 채취해 올려보내는 것은 운송비 증가로 가격경쟁력이 떨어졌다.

산이 점점 평지가 되는 광경을 지켜보는 심정은 가뭄에 갈라진 논을 대하는 농부의 마음과 같았다. 속이 타들어 갔다. 걱정으로 잠을 못 이루는 날이 늘어갔다. 업계에서는 "이제 인광기업은 끝났다"는 소문이 돌았다. 그러나 114번의 도전 끝에 어렵게 시작한 사업을 이대로 접을 수는 없었다.

아슬아슬한 하루가 계속되던 어느 날, 거의 평지가 된 현장의 돌바닥을 무심코 바라보던 김 회장의 머릿속에서 문득 이런 생각이 스쳤다.

'지하에도 똑같은 돌이 있지 않은가. 그런데 왜 지상에 대해서만 채석 허가를 해주는 걸까? 지하에도 채석 자원이 많은데 왜 지하 채석은 안 하는 거지? 지하 채석을 하면 지상보다 훨씬 더 많은 골재를 확보할 수 있고, 그만큼 지상 채석으로 인한 산림자원 훼손을 줄일 수 있으니 일거양득 아닌가?'

생각이 여기까지 미치자 머릿속이 맑아졌다.

"그래 한번 부딪쳐보자. 발타자르 그라시안스페인의 사상가이 말하지 않았던가. '최선을 다하라, 그러면 신이 그 나머지를 하리라'라고."

그는 지하 골재의 품질부터 확인해 보았다. 지상의 골재보다 품질이 떨어지면 사용할 수 없기 때문이다. 다행히 지하의 골재는 지상의 골재보다도 품질이 더 우수했다.

그는 산림법뿐 아니라 채석 관련 법령까지 샅샅이 찾아서 읽어 보았다. 어느 법에도 지하 채석을 허가해야 한다는 규정은 없었지만 안 된다는 규정도 없었다. 그는 곧바로 지하 채석 허가를 추진했다. 처음엔 어렵지 않을 것이라고 예상했다. 당국이 지하 채석을 막을 이유가 없다고 생각했기 때문이다.

관할 군청 담당 공무원을 찾아갔다. 지하 채석 허가를 받으러 왔다고 하자 담당 주무관이나 상급자 모두 단호하게 고개를 내저었다.

"절대 안 됩니다. 지상 채석이 다 이뤄지면 적지복구하고 사업을 접으면 되는 거지, 왜 쓸데없는 이야기를 하십니까."

"제가 찾아본 바로는 어느 법에도 지하 채석이 안 된다는 규정이 없는데, 절대 안 된다고 하시는 근거가 뭔가요?"

공무원들은 머뭇거리더니 "정리해서 내일 답을 주겠다"고 했다. 다음 날 다시 찾아갔다. 공무원들은 "규정이 없더라도 지하 채석 허가는 여태껏 한 번도 내준 적이 없습니다. 대한민국 건국 이래 전례가 없는데 어떻게 우리가 마음대로 허가를 내줍니까"라고 했다.

"허가를 내준 적이 없다는 것이 허가를 내줄 수 없는 이유가 될 수는 없지 않나요? 사장되어 있는 지하 골재 자원을 개발하면 그만큼 지상의 골재 채취를 줄일 수 있어 지상의 임야를 보호할 수 있는데, 무조건 안 된다고 하는 게 이해할 수 없어요."

"어찌 되었든 우리는 전례가 없어서 허가를 내줄 수 없어요. 문제가 되면 우리가 다 책임을 뒤집어써야 해요."

답답한 마음에 법제처를 찾아갔다. 법제처 담당자도 난감해하며 "명문화된 규정이 없는 경우 관습이 중요하다. 허가 관청의 의중이 중요하다"며 책임 소재를 떠넘겼다. 결국 다시 관할 군청을 찾았다.

"어떻게 하면 당신들이 책임지지 않으면서 허가를 내줄 수 있

김 회장은 처음으로 지하 채석이라는 새로운 패러다임을 열었다.
지하 채석 광경.

을까요?"

"상급 기관에서 허가를 내도 된다는 명문화된 공식 서류가 있으면 검토해 보겠습니다."

산림법 관련 최상급 기관인 산림청을 설득해야 했다. 그는 변호사, 대학교수, 전문가들을 찾아다니며 조언을 구했다. 다행히 모두가 지하 채석에 긍정적 의견을 내주었다. 이를 근거로 자료를 준비해 산림청을 오가며 담당자들을 설득해 나갔다. 마침내 그들에게서 긍정적 반응을 얻어냈다.

"지하 채석 작업을 했을 때 생길 수 있는 몇 가지 위험 문제가 있습니다. 안전에 문제가 있을 수 있고, 지하수가 오염될 우려가 있습니다. 이에 대한 확실한 대책을 세우고, 위험성이 없다는 게 확실하게 입증된다면, 우리가 해당 관청에 허가를 내주라고는 할 수 없지만 '해당 관청에서 재량에 의해 허가를 내줄 수 있다'는 공문은 보낼 수 있습니다."

마침내 군청 담당자가 요구한 상급 기관의 공문을 받을 수 있었다. 신청서와 함께 공문을 제출하자 군청 담당 공무원도 더는 이의를 제기하지 않았다. 군청은 '지하 채석을 한 후 양질의 토양으로 적지복구한다'는 조건을 붙여 허가를 내주었다. 이로써 국내 최초로 그때까지 어느 누구도 활용하지 못했던 지하 골재 자원을 활용할 수 있는 길을 열었다.

영국 총리 윈스턴 처칠이 말했다. "비관론자는 모든 기회에서 어려움을 찾아내고, 낙관론자는 모든 어려움에서 기회를 찾아낸다"고. 김 회장은 이렇게 골재는 석산의 지상부에서만 채취하는 게 업계의 상식이던 시절, 발상의 전환으로 골재 산업의 새로운 패러다임을 만들었다.

어렵게 허가를 받았지만 주위 시선은 황당하다는 반응이 대부분이었다. 지하의 돌을 캐내면 그만큼 흙이나 돌로 채워 넣은 후 나무를 심어 적지복구해야 하기 때문이다. 나무가 자라려면 양질의 흙으로 채워 넣어야 했다. 허가를 내준 담당자조차 "당장은 돈을 벌 수 있다고 해도 나중에 채굴한 지하 공간을 양질의 흙으로 다 채우려면, 채석으로 얻은 이익보다도 흙을 사서 채우는 비용이 더 들어갈 겁니다. 지금이라도 다시 잘 생각해 보세요"라며 걱정 겸 조언을 할 정도였다. 업계에서는 "지하 채석이 종료되면 복구 비용을 감당하지 못해서 망하거나 도망갈 것"이라고 수군거렸다.

김 회장도 이 문제를 생각 안 한 것은 아니었지만, 방법을 차츰 모색하기로 하고 사업을 재개했다. 지하 채석으로 회사는 다시 활기가 돌았고 현장도 예전처럼 활력이 넘쳤다.

"지하의 골재 자원을 채굴할 수 있게 됨으로써 무엇보다 산림 자원의 훼손을 그만큼 줄일 수 있게 되었다는 것에 큰 보람과 긍지를 갖고 있어요. 이제는 전국의 모든 채석장에서 지하 채석이 보편적이고 당연한 사업으로 자리 잡고 있어 감회가 새롭죠. 지금도 종종 '만약 그때 지하 채석 허가가 어렵다고 포기했더라면 지금 어찌 되었을까' 하는 생각을 해봐요. 영화감독 우디 앨런이 그랬죠. '한 번도 실패하지 않은 것은 새로운 일을 전혀 시도하지 않았다는 신호'라고요. 손정의 소프트뱅크 회장도 말했어요. '언제든 길은 있다. 어쩔 수 없다, 어렵다고 말하면 말할수록 해결과는 멀어질 뿐이다'라고요. 어렵다고 포기하기 전에 한번 되뇌어볼 만한 명언이죠."

─────── 환경산업이라는 차세대 사업

한편으로 허가 조건인 양질의 토양으로 지하를 복구하는 것에 대한 해결 방법을 찾아야 했다. 그가 생각한 해결 방법의 출발점은 '나무는 양질의 흙이 50센티미터만 덮여 있어도 뿌리를 내리고 생육하는 데 아무 문제가 없다'였다.

"한 육종 전문가의 책에서 그 내용을 봤어요. 여러 전문가에게 자문했더니 '그렇다'고 하더라고요. '이거다' 싶었죠. 60미터 깊이의 수만 평을 모두 양질의 흙을 사서 메워야 했다면 처음부터 시작도 안 했죠. 다른 곳에 유용하게 쓰일 수 있는 양질의 자원을 지하에 묻는 것은 천연자원 낭비일 뿐이잖아요. 맨 위에 1미터 정도만 양질의 흙으로 메우고, 그 밑은 다른 방법을 찾을 계획이었어요."

처음엔 건설 공사장에서 나오는 토사로 메우는 방법을 구상했다. 건물을 짓기 위해서는 지하의 일정 깊이까지 땅을 파야 한다. 건설업체로서는 그 흙을 처리하는 것도 일이다. 건설 현장에서 나오는 흙은 오염이 된 흙이 아니니까, 그 흙을 가져다 메우면 되겠다 싶었다.

그러다 우리나라도 환경에 대한 인식이 높아지면서 건설폐기물 재활용에 대한 정책들이 생겨나고 있음에 주목했다. 건설폐기물의 주를 이루는 것은 콘크리트 덩어리와 토사다. 콘크리트 덩어리는 기본적으로 모래, 자갈, 시멘트로 이뤄져 있다. 한번 사용한 모래와 자갈을 깨끗이 재가공해 만든 재생 골재순환 골재와 토사를 재활용할 수 있도록 하는 건축폐기물 재활용 관련 법이 만들어졌다. 과도하게 늘어난 건설폐기물을 효과적으로 재활용하기 위한 조치였다. 그는 신문에서 이 기사를 보며 무릎을 쳤다.

'지하 채석한 공간을 복구하는 데 꼭 양질의 토사로 메울 필요가 있는가. 폐기물이 아닌 법적으로 문제가 없는 재활용 재료순환 골재, 토사로 메우면 되지 않는가.'

그는 정부 정책의 변화를 새로운 기회로 생각하고, 근거 자료를 준비해 허가 부서를 찾아갔다. 지하를 메우는 재료를 양질의 토사에서 재활용 골재로 허가 조건을 바꿔달라고 요청했다. 당연히 승인은 쉽지 않았다. 다시 수많은 논쟁이 오갔다.

상급 기관에 전문가들 의견서를 제출하고 끊임없이 찾아가 설득했다. 공무원들의 인식은 세상이 변화하는 속도를 따라갈 만큼 유연하지 못했지만, 그는 포기하지 않았다. 마침내 1999년, 채석한 지하 공간 복구에 재활용 골재를 사용해도 된다는 승인이 떨어졌다. 이 복구 방식의 장점과 논리가 너무나 명백했기 때문이다.

"이렇게 되기까지 얼마나 많은 사연이 있었는지 몰라요. 대한민국에서 사업을 하려면 그물망처럼 촘촘하게 가로막고 있는 법적 규제들을 잘 풀어헤치면서 나가야 해요. 당국에서 알아서 법과 제도의 정신을 살리면서 현실에 맞도록 잘 조율해야 하는데, 어디 그렇게들 하나요. 아쉬운 사람이 꼼꼼하게 따져가면서 방법을 찾아가야죠. 그렇게 해가는 과정이 참으로 힘들고 어려워요. 그래도 수많은 우여곡절 끝에 결국은 새로운 시대의 흐름에 맞도록 복구 방법을 변경시킨 거죠."

토머스 에디슨이 말하지 않았던가! "우리의 가장 큰 약점은 포기하는 데 있다. 성공으로 가는 가장 확실한 것은 그래도 한 번더 시도해 보는 것이다"라고. 김 회장 역시 어렵다고 포기하는 대신 끊임없이 시도했기에 성공할 수 있었던 것이다.

길이 없던 곳에 새로운 길을 내는 과정은 분명 힘들었지만, 그 결과 회사의 앞길이 활짝 열렸다. 또한 그가 만든 길을 동종 업체들이 뒤따르며 채석 산업의 새 패러다임을 열었다. 지하 채석을 하고, 그렇게 해서 생긴 공간을 순환 골재와 토사로 적지복구를 하는 사업 모델이 국내에서 최초로 김 회장에 의해 구현되었다.

김 회장은 채석한 지하 공간을 순환 골재로 채울 수 있도록 허가 조건 변경을 요청하면서 아예 여기에 들어갈 순환 골재를 직접 생산하기 위해 건설폐기물 중간처리사업을 시작하기로 했다. 건설폐기물 재활용이라는 시대의 흐름에 따라 순환 골재와 토사의 활용도가 앞으로 더욱 높아질 것이라는 확신이 들었기 때문이다.

건축물을 철거할 때나 새로 지을 때는 환경문제를 일으킬 수밖에 없다. 특히 철거 시 폐목재, 폐유리, 폐콘크리트, 폐벽돌, 폐금속류, 폐합성수지류스티로폼이나 비닐 등 다양한 폐기물이 발생한다. 양 또한 막대해서 국내에서 발생하는 폐기물의 절반을 차지한다. 인구 대비 땅이 좁은 우리나라는 매립할 수 있는 공간이 한정적이기에 당시 건설폐기물 처리가 큰 문제로 떠올랐다.

이에 대한 해결 방안이 바로 건설폐기물의 재활용recycling이다.

건축물을 철거하면서 생긴 폐기물을 분리 선별해 재활용할 건 최대한 재활용하고, 나머지는 매립하거나 소각하는 게 건설폐기물 중간처리업이다.

"건설폐기물의 절반 이상이 콘크리트 덩어리예요. 그걸 기계로 분쇄하고 공정을 통해 골재와 모래로 재탄생시키죠. 나머지는 공정을 거쳐 흙은 성토·복토용으로 재활용하고, 쇠는 고철로 팔고, 기타 이물질은 소각장이나 매립장으로 보내는데, 소각장이나 매립장으로 보내는 건 전체 물량의 2%도 안 돼요. 건설폐기물 대부분을 재활용하니까 국가 차원에서 봤을 때는 아주 좋은 일이죠."

법이 처음 만들어질 때는 재활용으로 만든 토사는 물론이고 순환 골재도 성토, 복토용, 도로 기층용으로만 사용할 수 있었다. 그러다 생산기술이 발전하면서 순환 골재를 레미콘·아스콘 원료로도 사용할 수 있게 되었다. 건설폐기물 재활용 시장이 그만큼 커진 것이다.

"확실하게 분리하고 깨끗하게 씻어내기 때문에 새 모래나 자갈처럼 사용해도 아무 문제가 없으니까 정부에서 승인한 거죠. 외국에서는 이미 전부터 그렇게 하고 있었고, 정부에서도 직접 실험을 통해 안전성을 확인했으니까요."

새로운 변화의 시도는 대성공이었다. 건설폐기물 재활용 사업으로 인해 채석한 지하 공간이 비용이 들어가는 공간이 아니라 이익을 창출하는 공간으로 바뀌었다. 그 공간을 돈을 주고 양질의 흙을 사서 메우는 게 아니라 거꾸로 돈을 받으면서 메웠기 때문이다. 채석하면서 돈을 벌고, 채석이 끝난 후에는 메우면서 돈을 번 셈이다.

건설업체는 건설폐기물을 중간처리업자에게 돈을 주고 처리를 위탁해야 한다. 김 회장은 건설업체로부터 돈을 받고 들여온 건설폐기물을 순환 골재와 순환 토사로 재가공해 채석한 지하 공간을 메우는 데 사용했다. 건설폐기물 운반 및 처리로 들어오는 수입은 재활용 골재를 만들고, 나머지 폐기물을 소각·매립하는 비용을 제하고도 남을 정도였다.

처음엔 전량을 회사의 채석한 지하 공간 복구에 사용했고, 복구가 완료된 후에는 다른 토목 건축 공사 현장에 성·복토재, (도로)기층재 등으로 공급했다. 이제는 채석을 통해 얻는 수익보다 건설폐기물 재활용 사업을 통해 얻는 수익이 더 많아졌다.

그가 처음 지하 채석을 시작할 때, 채석한 지하 공간을 메우지 못하고 도망갈 것이라고 예상했던 업계 사람들은 입을 다물지 못했다. 사람들은 "봉이 김선달보다 더한 사람"이라며 그에게 부러움과 시샘의 눈길을 보냈다. 이 과정을 통해 그는 회사 이름도 인광기업에서 아이케이(IK)로 바꾸고, 주력 업종도 채석 사업에

서 환경 사업이라는 차세대 산업으로 진입하며 새로운 도약을
시작했다.

─────── 백년 기업의 기틀을 세우다

건설폐기물 중간처리업은 건설폐기물을 들여와 야적
하는 것으로 일이 시작된다. 이를 파쇄, 선별, 분리 공정을 통해
재활용하는 과정을 거친다.

건설폐기물은 종류도 다양하고 부피도 큰 데다 각 단계별로 소
음과 먼지가 발생할 수밖에 없어 야외에서 분류하고 파쇄하는
걸 당연하게 여기던 시절이었다. 실내에서 작업하면 소음과 먼
지로 인해 작업자들이 더 큰 위험에 노출될 수 있고, 그렇다고 소
음과 먼지를 흡수하는 실내 시설을 설치하면 수지타산이 맞지
않았기 때문이다. 그렇다 보니 사람들이 거주하는 공간에서 멀
리 떨어진 곳에 작업장을 만들곤 했다. 그러지 않으면 민원이 발
생할 수밖에 없으니까.

그는 건설폐기물 중간처리장을 채석장 한쪽에 만들었다. 인근
에 인가가 없으니 별문제가 없었다. 그래도 작업자들을 볼 때마
다 마음이 무거웠다.

"법적 규정에 어긋나는 것은 없었지만 마음이 안 좋았죠. 우선

미관상 보기 안 좋잖아요. 시끄럽기도 하고. 그리고 야외에서 작업하다 보니 혹서기나 혹한기 그리고 장마철에 작업자들의 어려움이 매우 컸어요. 처음엔 어쩔 수 없다고 생각하면서도 '이건 아니지 않나' 하는 마음이 떠나지 않았죠."

그러던 중 허허벌판이던 이 지역이 점차 개발되면서 6킬로미터 떨어진 곳까지 주거시설이 들어섰다. 민원이 제기되기 시작했다.

"지역 주민의 불편을 해소하면서 사업을 지속할 방법을 찾기 시작했죠. 외국은 어떻게 하는지 알아보던 중 독일과 일본에 옥내 처리시설이 있다는 걸 알고 직접 견학까지 갔어요. 그곳 시설들을 보며 우리나라도 앞으로 정책이 옥내화로 바뀔 거다, 아니 바뀌어야 한다는 확신이 들었어요. 우리가 먼저 제대로 모범을 보이자는 생각을 했죠."

눈여겨본 일본의 건설폐기물 처리업체를 수차례 견학하며 시설 하나하나를 자세히 살펴보았다. 이를 바탕으로 해서 아이케이의 기술과 노하우만으로 기계설비 및 중간처리시설을 배치했다. 그렇게 해서 견학했던 일본의 공장보다도 더 큰, 당시 건설폐기물 처리시설로는 세계 최대 규모의 옥내 처리시설 설계도가 완성되었다.

옥내화 시설을 만들려면 수백억 원이 소요되었다. 주위에선 온통 반대와 우려의 목소리뿐이었다. 폐기물을 처리하는 데 뭐하러 큰돈 들여서 공장까지 짓느냐고 말리기도 했고, 지금처럼 해도 아무런 문제가 없는데 왜 시간과 돈을 써가며 어려운 일을 시도하느냐고 충고하는 이도 있었다. 당시 회사 규모로 봤을 때도 적잖이 무리가 가는 일이었다.

하지만 그는 은행에서 적지 않은 돈을 대출받으면서까지 도전을 이어갔다. 당장의 비용 부담보다는 직원들의 근무 환경, 회사 이미지, 더 나아가 대한민국 환경의 미래가 여기에 달렸다고 확신했기 때문이다.

"그때 설계한 게 지금까지 별다른 문제 없이 잘 유지되고 있어요. 시설은 계속 업그레이드되었지만 기본 배치 틀은 그대로인 거죠. 사실 처음엔 직원들이 투자비 등을 고려해 에어돔 시설로 하자는 의견을 냈어요. 그래서 에어돔 시설도 여러 군데 가봤는데, 에어돔 시설은 태풍에 취약하다는 등 몇 가지 약점이 있더라고요. 결국 철골조 콘크리트 건물로 옥내화하는 것으로 결단을 내렸지요. 그런데 몇 년 전 태풍 '링링'이 서해안을 강타했을 때 인근 공장들은 큰 해를 입었지만 저희는 피해가 거의 없었어요. 그러니까 우리 임직원들이 제가 선견지명이 있다고 하더라고요 (웃음)."

건설폐기물 처리 옥내화 시스템 허가를 신청하자 관계 공무원

아이케이 본사 전경.

국내 최초, 세계 최대 규모인 아이케이 건설폐기물 옥내 처리시설 내부.

이나 동종 업계에서는 설계만 그럴듯하게 해놓고 대충 흉내만 낼 것이라고 예상했다. 하지만 그는 착공 1년 만인 2011년 12월, 국내 최초이면서 단일 공장으로는 세계 최대 규모인 친환경 건설폐기물처리 옥내화 시설과 최첨단 자동 공정 시스템을 완성했다. 당시로서는 누구도 하지 못했던 생각을 과감한 투자와 실행으로 옮긴 것이다.

이를 계기로 아이케이는 2014년 대한민국 녹색경영대상 국무총리상을 수상하고, 2015년 우수환경산업체로 지정되었다. 이후 현재까지 국내뿐 아니라 외국에서도 견학의 발길이 이어지며 국내외 환경 기업의 롤 모델이 되고 있다.

"건설폐기물처리 옥내화 시설은 백년사옥과 함께 100년 이상 영속할 기업을 만든다는 신념과 하나를 하더라도 제대로 하자는 철저한 실행력으로 이뤄낸 아이케이의 상징이라고 할 수 있습니다."

건설폐기물처리 옥내화 시설을 만들면서 김 회장은 본사 사옥에 대한 생각도 바꿨다. 많은 회사가 본사는 서울에 두고, 현지 사업장엔 철골조에 패널로 마감한 사무동을 만들어 사용한다. 그도 처음엔 그렇게 일을 진행했다. 아이케이도 본사는 서울에 적을 두고 있었다. 당시엔 서울에 본사를 두는 게 금융 조달 등 여러 면에서 지방과는 비교가 되지 않을 정도로 사업에 유리했기 때문이다.

"인천사업장은 회사가 태어난 곳이고, 성장한 곳입니다. 건설폐기물처리 옥내화 시설을 만들면서 본사도 이곳에 지어야겠다는 결심을 했어요. 그러면서 100년을 영속할 회사로 만들겠다는 다짐과 함께 그러려면 사옥도 100년은 갈 수 있게 튼튼하게 지어야겠다, 이왕이면 제 경영 철학·정신·비전이 반영된 사옥을 지어야겠다고 마음먹은 거죠."

영원히 존속하는 회사를 만들겠다는 신념을 담아 사옥 이름을 '백년사옥'이라 명명하고 세계적인 건축가 윤경식 씨에게 설계를 의뢰했다. 당시 회사 규모로는 큰 자금이 소요되는 사업이었지만 이왕 하는 것 미래를 내다보고 제대로 하겠다는 그의 결심을 막을 수는 없었다.

건설폐기물처리 옥내화 시설 바로 옆에 본사 사옥을 지으면서 건설폐기물처리 공장은 혐오 시설이라는 선입견을 말끔히 씻어냈다. 사업장 주변에 나무를 심고, 사옥 앞엔 잔디광장을 조성했다. 방문객은 물론 직원들조차 이곳이 건설폐기물처리 공장이라는 사실을 잊을 정도로 공원처럼 꾸몄다.

사옥 건물은 자연과 사람이 함께 이용하는 공간이라는 특색을 최대한 살렸다. 또한 회사에서 생산한 순환 골재를 사용함으로

써 자원 순환을 위해 일하는 기업의 특성과 정신을 그대로 녹여 냈다.

백년사옥은 위치가 바다와 가까워 바람의 영향을 많이 받는다. 그래서 거세게 불어오는 해풍에 맞설 견고하면서도 육중한 건물을 생각할 수도 있었지만, 그렇게 짓기보다는 건물 하부에 큰 공간을 내어 바람이 지날 수 있는 탁 트인 통로를 만들었다. 바람을 막는 게 아니라 바람에 길을 내어줌으로써 오히려 필요한 만큼의 공간을 확보했다.

또한 화려함보다는 기본에 충실하면서도 햇빛·공기·바람을 끌어들여 직원들이 자연과 어우러지면서 일할 수 있는 공간으로 만들었다. 백년사옥은 2013년 세계건축가협회 특별상을 수상할 정도로 가치를 인정받았고, 인천시에서 선정하는 가장 아름다운 공장 1호에 선정되는 명예를 얻었다.

의미와 건축미를 좇느라 놓치기 쉬운 직원들의 편의성을 떨어뜨리지도 않았다. 2·3층 업무 공간은 탁 트이고 천장이 높아 직원들의 열린 사고와 창의성을 높여주었다. 지하 1층과 4층은 직원들의 힐링과 복지 공간으로 채웠다. 특히 4층 갤러리카페엔 김환기, 이우환, 박서보, 황주리, 데이비드 걸스타인 등 국내외 내로라하는 작가들의 작품을 순환 전시해 직원들과 방문객들의 발길이 끊이지 않는 명소가 되었다.

───── 종합환경기업으로 발돋움

현재 아이케이가 영위하는 사업의 큰 축은 '리사이클링 사업', '건축자재 사업', '토양정화 사업'으로 나눌 수 있다. 각 사업은 서로 다른 분야처럼 보이지만 다 연결되어 있다. 채석 사업에서 시작해 연관된 분야로 점차 사업을 확대하면서 이뤄진 결과다.

채석과 레미콘·아스콘 사업은 건축자재 산업의 큰 축이다. 인천사업장을 시작으로 당진사업장, 청주사업장으로 채석 사업을 확대했다. 당진사업장은 채석 사업에서 한발 더 나아가 골재와 연관된 레미콘·아스콘 사업도 시작했다. 지방이라 골재만 팔아서는 수익성이 떨어지지만, 이곳에서 채석한 골재로 레미콘·아스콘을 제조해 팔면 운송비가 절감돼 가격경쟁력이 생기기 때문이다. 당진사업장은 채석이 종료된 지금은 레미콘·아스콘 공장을 운영하고 있다.

인천사업장은 채석한 지하 공간을 메우기 위해 건설폐기물 재활용 사업을 시작한 것에서 더 나아가 2021년 보강토블록 사업까지 확대하며 이젠 아이케이의 주축이 된 리사이클링 사업의 중심으로 자리매김하고 있다.

보강토블록은 지반이 약한 도로나 댐, 옹벽에 주로 사용하는 블록이다. 일반 벽돌이나 블록보다 견고하고, 기존 콘크리트 옹

벽보다 시공이 간편하고 비용도 절감되는 효과가 있다. 아이케이의 보강토블록은 순환 골재를 주원료로 만든 친환경 제품이다. 순환 골재와 순환 토사를 생산하는 것에서 한 단계 더 나아가 건설폐기물을 재활용한 완제품을 만드는 사업으로 발전시킨 것이다.

마지막으로 고화재 생산과 토양정화 사업 등 환경정화 사업까지 확장하고 있다. 사업을 건설폐기물 분야에 한정하지 않고, 연관된 부문의 기술 연구 개발에 남다른 관심을 갖고 투자한 결과다.

고화재 생산 사업은 2009년 수도권매립지관리공사의 하수슬러지 재활용기술 공모가 계기가 되었다.

고화재는 슬러지를 고체 덩어리처럼 딱딱하게 굳게 만드는 재료다. 액상 상태에서는 관리가 힘들지만 고체 상태가 되면 통제 관리가 가능해진다. 고화재를 통해 그동안 해양 투기 등 환경오염의 주범으로 손꼽히던 슬러지를 매립지 복토재로 사용하는 길이 열렸다. 환경보호뿐 아니라 복토용 양질 토양을 대체하는 효과까지 얻게 된 것이다.

고화재는 눈비나 충격에 의해 무너지기 쉬운 연약한 지반의 개량에도 사용된다. 고화재를 사용하면 지반이 딱딱해져 공사가 용이해지기 때문이다. 아이케이는 현재 지반 안정화용, 연약 지반 개량 및 치환용, 준설토 안정화용, 매립지 차수 공사용 등 다양한 고화재를 생산하고 있다.

2011년에는 토양정화 사업에도 진출했다. 건설폐기물 재활용 사업을 하며 토사를 처리하던 김 회장은 이따금 나오는 오염된 흙을 보며 '이건 다시 재활용할 수 없을까' 생각했다. 특히 주유소에 기름이 누출돼 주변 토양이 오염되었다는 뉴스를 접하며 그 필요성을 더욱 절감했다.

"흙은 물, 공기와 함께 자연의 근원이자 모든 생명의 원천이잖아요. 물을 정화하고 공기를 정화하듯 토양도 정화가 필요하죠. 인류 역사에서 지금처럼 환경이 황폐해진 때가 없어요. 이 시대를 살아가는 사람으로서 후손들에게 더 좋은 환경을 물려줘야 한다는 책임감으로 토양정화 사업을 시작한 거죠."

물론 그 과정은 쉽지 않았다. 토양정화 사업 후발 주자였기 때문에 더 많은 노력이 필요했다. 하지만 그 필요성과 성장 가능성을 확신했기에 포기하지 않고 기술력을 키워나갔다. 그 결과 지금은 국가과제 R&D 사업을 수행하는 등 선발 주자들과 어깨를 나란히 할 수 있는 역량을 확보했다. 이로써 아이케이는 환경과 관련된 전체 분야를 다루는 명실상부한 종합환경기업으로 거듭나게 되었다.

아이케이의 앞서가는 시설과 기술력이 인정받으며 학계, 업계, 정부와 지방자치단체, 환경 관련 전문 단체의 견학이 끊이지 않고 있다. 국내뿐 아니라 중국, 일본, 이라크, 인도네시아 등 해외에서도 정·재계 인사들의 방문이 이어진다.

2015년부터는 중국 시장에도 진출했다. 한국환경산업기술원으로부터 우수환경산업업체로 선정되어 중국 베이징에서 열린 환경로드쇼에 참가한 것이 계기가 되었다. 거기서 양쯔강 하류에 있는 장쑤江蘇성의 녹색환경특구 입주업체인 강소녹화환경과 기유한공사가 큰 관심을 보였다. 이들과 상담하던 중, 하수시설로 인한 악취 문제가 심각하다는 것을 알게 되었다. 당시 중국에는 하수슬러지를 처리할 마땅한 방법이 없었다. 김 회장은 하수슬러지 문제를 해결할 수 있는 고화재를 제안했고, 결과는 성공적이었다.

2019년에는 장쑤성의 장쑤잉터테스크스마트환경보호설비유한회사와 3년간 총 44억 원 규모의 건설폐기물 처리시설 기술 컨설팅 계약을 체결했다. 컨설팅 사업은 환경산업의 새로운 비즈니스 모델이라는 평을 받으며 아이케이가 2020년 우수환경산업체로 재지정받는 데 결정적 계기가 되었다.

"코로나19로 인해 더는 진척을 이루지 못하고 있지만, 중국이라는 거대한 환경 시장에서 교두보를 쌓았다는 점에서 의미가

큽니다. 코로나19가 진정되었으니 다시 중국 진출을 본격화해야
죠."

───── 안주하지 않는 마음

　김 회장은 맨손으로 시작한 회사를 30여 년 만에 직원
수 200여 명 방계 직원 포함 300여 명, 연매출 1500억 원에 이르는 중견
기업으로 성장시켰다. 무엇보다 회사 신용등급이 AA인 것이 그
가 얼마나 회사를 건실하게 키워왔는지 증명해 준다. 사업장도
인천, 당진, 청주, 포항 등 네 곳에 달한다.

　그는 성장 비결로 '현재에 안주하지 않는 마음'을 꼽으며, '끊임
없이 기회를 찾고 도전해야 한다'고 강조했다.

　"청주사업장에서 채석 사업을 시작할 때였어요. 지역에서 골
재 수요는 정해져 있고, 이미 다른 업체들이 시장을 선점한 상태
라 판매가 어려울 수밖에요. 골재를 가장 많이 그리고 고정적으
로 소비하는 고객이 레미콘 회사인데, 그중에서도 선두 업체와
거래를 트는 게 보통 어려운 일이 아니에요. 그런 곳은 이미 고정
된 거래처가 있으니까요. 방법이 있나요. 영업의 기본 원칙인 신
뢰와 끈기로 부딪치는 수밖에요. 당시 청주사업장 책임자가 '114
정신'으로 매일 아침저녁으로 업체 담당자를 찾아갔고 그렇게 6

개월여를 노력하니까 담당자가 두 손을 들었다고 하더라고요. 심지어 당초 예상했던 수량을 훨씬 초과하는, 경쟁업체를 단숨에 압도하는 납품 계약 규모였어요."

그는 "새로운 변화의 과정을 통해 기회를 만들어내는 것이 기업 경영자의 가장 큰 역할이자 의무"라고 말한다.

"이전의 방식만 고집한다면 회사와 조직은 도태당하고 말아요. 《종의 기원》을 쓴 찰스 다윈도 '살아남은 종은 가장 강하거나 가장 영리한 종이 아니라 변화에 가장 민감하게 반응하는 종이다'라고 했듯이 변화에 능동적으로 대처하는 사람만이 기회를 잡고 또 성공에 이르는 법입니다."

그렇다고 그가 하는 사업마다 승승장구한 것은 아니다. 중고차 매매 사업에 진입했다 실패하기도 했고, 석산을 매입하는 것도 몇 번이나 실패했다. 최근에는 환경산업인 폐배터리, 태양광 패널 사업을 추진하고 있지만 진입 장벽이 만만치 않아 다각도로 검토하고 있다.

"제 사업 원칙 중 하나가 미래 비전이 있으면 끝까지 도전하고 아니면 바로 접는 겁니다. 그리고 또 하나의 원칙이 이 사업이 망해도 회사 전체가 망하는 일이 없도록 하는 겁니다. 제가 수많은 실패를 겪으면서도 망하지 않고 성장할 수 있었던 비결이기도 하고요."

───── 회사의 존망을 뒤흔든 위기들

사업을 하면서 위기도 많이 겪었다.

1998년 초, 건설폐기물 중간처리 사업장에 관할 관청으로부터 영업정지 1개월 처분이 내려졌다. 허가받은 폐기물 적정 보관 용량을 초과했다는 이유였다. 당시 건설폐기물 중간처리업은 채석을 완료한 지하 부지를 메울 순환 골재 및 토사를 공급하는 게 주된 목적이었기에 관리 수준이 미흡했다. 김 회장 스스로도 "당시는 환경관리법을 잘 몰랐고, 관리 경험도 없어서 중간 처리 과정에서 발생하는 폐목재, 폐합성수지 등 이물질에 대한 관리가 부실했다. 지나치게 많은 물량을 받아 쌓아놓다 보니 규정된 허용 보관량을 초과하기도 했다"고 고백한다.

이유야 어떻든 영업정지 처분으로 인해 입을 손해는 막대했다. 건설폐기물 반입이 정지되면 재활용 골재 부족으로 채석 완료 공간 복구 일정에 차질이 생기는 것도 문제지만 무엇보다 계약을 맺은 건설폐기물 배출 거래처에 피해를 주는 것이 가장 큰 문제였다. 거래처가 폐기물을 반출할 수 없게 되면 그들의 사업 운영이 큰 차질을 빚게 되기 때문이다.

서둘러 상황을 바로잡기 위해 곧바로 관할 관청을 찾았다.

"무작정 봐달라고, 영업정지를 풀어달라고 읍소한다고 해서 해결될 문제는 아니었어요. 문제의 핵심을 짚어내고 공무원들이 수긍할 해결책을 제시하면서 협상해야 풀릴 수 있는 문제라고 생각했죠. 그래서 가자마자 무조건 죄송하다고 했어요. 잘 몰라서 실수가 있었다고 사과하고, 앞으로 다시는 그런 일이 없도록 확실히 대책을 세우겠다고 약속했습니다. 그러고 나서 설득했죠. 영업정지를 내리는 근본 목적이 그 기간 안에 잘못된 문제를 해결하고 영업을 재개하라는 거 아니냐, 우리가 서둘러서 기준에 맞게 폐기물 보관 용량을 줄이면 거기에 맞춰 영업정지 행정처분을 조기에라도 풀어달라고 요청했죠."

담당자가 고민 끝에 요청을 받아들였다. 적정 규모 안으로 보관 용량이 정돈되면 곧바로 영업정지를 풀기로 했다. 담당 공무원이 승낙한 데에는 이유가 있었다. 초과한 보관 용량이 워낙 많아 이를 다 치우려면 어차피 영업정지 기간을 다 채울 거라고 판단한 것이다.

약속을 받아냈으니 이제 열심히 보관 용량을 줄이는 일만 남았다. 당일부터 곧바로 작업에 들어갔다. 대량의 중장비를 동원하고, 전 직원이 나서서 폐기물 분류를 시작했다. 성별, 연령, 지위 고하 구분 없이 모두가 달려들어 폐목재, 소각 대상 등 이물질을 종류별로 하나하나 분류해 나갔다. 철야 교대를 하며 밤새 기계를 가동하고, 전 직원이 합심해서 매달리자 속도가 붙었고 8일 만에 기준치에 맞춰 폐기물 보관 용량을 줄일 수 있었다.

영업정지 해제를 요청하자 현장에 온 담당자가 "여기 쌓여 있던 게 다 어디 갔어요? 벌써 다 치운 거예요?"라며 깜짝 놀랐다. 그리고 약속한 대로 영업정지를 풀어주었다.

"8일 만에 정상화가 되긴 했지만 큰 손해를 입었죠. 그래도 두고두고 배울 점이 있는 일이었어요. 어떤 위기가 닥쳐도 모두 힘을 합하면 헤쳐나갈 수 있다는 사실을 직접 느끼고 경험했으니까, 살아 있는 교훈이 된 거죠. 업계에서는 우리의 단합력과 문제 해결 능력을 보고 놀라워했어요. 직원들도 불가능해 보이는 일을 가능케 만든 우리의 힘을 다시금 깨닫고 견고히 다지는 계기가 되었고요. 무엇보다 사업 초창기에 경험이 부족해서 생겨난 실수였기에 이를 보완할 업무 시스템을 만드는 계기가 되었죠."

1999년 9월 29일 저녁, 집에서 텔레비전을 보던 김 회장은 자신의 두 눈을 의심했다. KBS 9시 뉴스에 아이케이당시 '인광기업' 인천사업장이 나온 것이다. 뉴스 제목은 '법 없는 채석장'이었다. 보도 내용은 아이케이가 지하 채석 허가 심도를 위반하고 더 깊게 채석했다는 것과 채석장 복구에 재활용 골재가 아닌 폐기물을 불법으로 매립했다는 것이었다.

화면에선 순환 골재와 토사만으로 지하 채석장을 메웠음에도 현장 근로자와 운송 차량 기사들이 마셨던 음료수병 등 쓰레기만 집중적으로 보여주며 마치 사업장 전체가 이런 불법 폐기물이 묻혀 있는 것처럼 보도되었다.

지하 채석 심도에 대한 부분도 잘못된 보도였다. 아이케이가 허가받은 지하 채석의 심도는 당시 기준으로 총 60미터였다. 심도를 철저하게 지켜 채석했는데도 뉴스에서는 심도 측정조차 하지 않은 채 위반했다고만 보도했다. 경쟁사의 악의적 제보만 듣고 사실관계를 하나도 확인하지 않은 채 일방적으로 뉴스를 내보낸 것이었다.

지금도 방송 뉴스의 영향력이 크지만, 당시는 뉴스 시청률이 20~30%를 기록할 때여서 영향력이 훨씬 더했다. 잘못된 뉴스 보도로 인해 망한 회사가 한둘이 아니었다. 그럴듯하게 짜 맞춰진 엉터리 뉴스로 인해 회사는 존립의 위협을 받는 상황에 처했다.

곧바로 정정 보도를 요청했다. 그러나 KBS는 정정 보도의 절차와 요건이 매우 까다로울뿐더러 정정 보도를 하면 방송사가 감당해야 할 손해가 너무 커서 해줄 수 없다고 했다. KBS가 해줄 수 있는 건 해당 보도의 책임자인 보도국 담당 부장의 사과뿐이라고 했다.

한 사람의 사과로 해결할 수 있는 일이 아니었다. 회사가 받을 후폭풍이 너무도 거세었기 때문이다. 실제로 아무 문제가 없다

하더라도 사법기관, 검찰, 경찰, 구청 등 관련 기관의 조사에 대응하고 입증하는 과정 자체가 기업에는 큰 손실을 안길 수밖에 없었다. 또한 고객과 파트너에게 신뢰를 잃게 되는 점은 기업으로서 모든 걸 다 잃는 것과 같았다.

그렇다고 법적 소송으로 가는 것도 무의미했다. 몇 년 걸리는 재판이 끝나기도 전에 이미 회사는 큰 타격을 받고 무너질 수 있기 때문이다. 회사가 망한 후에 승소 판결을 받아봐야 아무 소용이 없다는 걸 우리는 이미 여러 차례 목격하지 않았던가.

수차례 협의 끝에 KBS 보도국 담당 부장이 '보도 오류에 관한 정정 및 해명서'를 써주기로 했다. 사과와 함께 보도 오류를 정정하고 피해에 대한 보전을 약속하는 내용이었다. 그리고 담당 부장이 직접 인천지검, 인천경찰청, 인천 서구청을 방문해 해명했다. 엄청난 오보를 수습하는 가장 현실적인 방법이었다. 당시는 언론의 힘이 막강했던 상황이라 이 정도도 흔치 않은 일이었다.

겨울 바다

겨울 바다 가봤니
거기는 사람이 주인이 아니야

흰 거품 내며 달려오는 파도와
찬물에 배 담그고 모여 사는
새들이 주인이지

바다는 겨울에 가는 거야
내 맘대로 보고 느끼고 안아보는 거지

얼어오는 두 손은 주머니에 넣고
눈길은 하염없이 바다를 보노라면
그리운 이에게 무슨 말이라도 전할 수 있어

진짜야

- 김상문

산골 개

산골 집 지날 때면 으레껏 개가 목청껏 짖는다
반가움인가 두려움인가
도회 집 운 좋은 개들은 사람보다 더 호강한다는데
너는 평생 외출도 한번 못 하고
고작 마당 한편이 온 세상이구나

늙은 주인 모시며 자식들보다
더 반갑게 꼬리 흔들며 살아가니
내 맘이 얼마나 따뜻한지

맘껏 짖어라
서운한 마음 나에게 쏟아놓듯 짖어라

- 김상문

삶

서천 띠섬목 해변은 조개들 삶터다
온통 조개 살다간 흔적으로 덮여 있는 갯벌에
부부 모습 보인다

아내는 반쯤 엎드린 자세로 연신 조개 줍느라 호미질이고
남편은 조금 더 안쪽에서
눈길 한번 주지 않고 제 할 일 바쁘다

저 조개를 캐어야 생활이 되고 자식 학비가 되니
전답농사 진배없다

이쪽에서 저쪽까지 걸어가며 돌아보아도
한 번도 쉬지 않고 일하는 부부
그이네 등에 봄 햇살이 따사롭게 덮는다

― 김상문

Part 3.
만 권의 책을 읽고 만 리를 걸어라
讀萬卷書 行萬里路

　　성공한 사람들의 공통점 가운데 하나가 꾸준히 독서한다는 것이다. 경제 분석가 톰 콜리에 따르면 백만장자 중 85%는 매달 두 권 이상의 책을 읽는다. 세계적인 투자가 워런 버핏만 해도 일하는 시간의 80%를 독서에 투자한다. 꾸준히 책을 읽지 않으면서 성공한 CEO는 없다고 해도 과언이 아니다.

　　성공한 CEO들은 읽는 책도 특정 분야에 편중되지 않는다. 경제경영서는 기본이고 실용, 역사, 성공한 사람들의 전기, 자기계발, 기억력 향상과 학습, 심리학, 리더십, 과학, 새로운 시대, 영감 등 다양하다.

　　김상문 회장도 그렇다. 군대에서 독서 습관을 들인 이후 책을 평생의 동반자로 삼고 있다. 그는 "신체적 능력이 유지되는 한은 독서를 지속할 것"이라고 자신 있게 말한다.

　　"오늘의 저를 있게 한 것은 책 읽기이니까요. 독서 습관이 인생의 성패를 좌우합니다. 독서가 없었다면 제 인생이 어떤 궤적을 걸었을까를 생각해 보면 형편없는 삶을 살았을 게 명약관화해요. 독서를 통해 새로운 길을 열어나갔고, 수많은 난관과 고비로 포기하고 싶은 상황에서도 저를 일으켜 세우고 지혜롭게 이겨낼 수 있었죠. 어디 그뿐인가요. 저의 부족한 인격적 소양이나 경영자로서의 자질도 책을 통해 가슴에 새긴 선현들의 가르침을

113

바탕으로 성찰하고 보완해 나갔죠. 저와 연을 맺은 직원들에게 책 읽기를 독려하며 독서 문화를 회사의 DNA로 정착시키려 하는 것도 이 때문입니다."

그는 신문사 생활로 바쁜 중에도, 사업으로 눈코 뜰 새 없이 바쁠 때도 수불석권手不釋卷의 자세로 손에서 책을 놓지 않았다. 집에서는 물론 차 안에서도 틈나는 대로 책을 읽었다. 이동하는 차 안은 항상 그의 독서실이 되었다.

그의 책 읽기 비법은 속독이다.

"초등학교 때 만화방을 제 방 드나들 듯했어요. 그때 만화를 무지하게 많이 봤죠. 당시 만화방은 권당 요금을 받기도 하고 시간당 요금을 받기도 했는데, 저는 항상 시간당 요금을 냈어요. 제한된 시간에 한 권이라도 더 보려고 하다 보니 집중해서 빨리 읽는 습관이 길러진 것 같아요. 속독하면서 내용을 파악하는 힘이 그때 길러진 거죠."

김 회장은 죽기 전까지 1만 권의 책을 읽는 게 목표다. 지금까지 읽은 책이 어림잡아 9천 권이 넘는다고 하니 이루지 못할 목표는 아닌 듯싶다.

그냥 혼자 읽고 마는 게 아니다. 사업이 어느 정도 궤도에 오른 2005년부터는 정기적으로 자신이 읽은 책 중에서 나누고 싶은 내용과 회사 식구들에게 보내는 편지를 묶은 《책 속에 길이 있다》를 시리즈로 펴내며 직원들과 지인들에게 나눠주고 있다. 최근 10권이 나왔다.

"좋은 건 나눠야죠. 제가 책을 읽으며 받은 좋은 영향을 다른 사람도 받았으면 해서 시작했어요. 제가 발췌한 것 중에 마음이 가는 구절이 있으면 그 책을 사서 읽지 않겠어요? 그렇게 되면 제 목표를 이루는 거죠."

그의 바람처럼 《책 속에 길이 있다》를 읽고, 책 제목처럼 책 속에서 인생의 길을 찾았거나 풀리지 않던 어려운 일의 해답을 찾는 등 다양한 깨달음을 얻었다는 직원이나 지인의 이야기를 들을 때가 그는 가장 기쁘다.

안타까운 게 요즘은 책을 조금 오래 읽으면 눈이 아픈 데다, 봐야 할 학교 교재도 많아서 일반 독서량이 줄어든 것이라고 한다. 한창때는 1년에 200권 넘게 보던 것이 이젠 60권을 읽는 것도 힘에 부친다고 한다.

"책을 읽을 절대적인 시간이 부족해졌어요. 전에는 승용차로 이동할 때 책을 보곤 했는데, 지금은 눈이 쉬 피로해져서 차 안에서는 그냥 눈을 쉬게 하고 있어야 해요. 새벽 시간을 활용해서 2시간 정도 책을 보고 자투리 시간을 활용해 책을 펴곤 합니다."

책을 고르는 것도 전보다 힘들어졌다.

"제가 가장 많이 가는 곳 중 하나가 광화문 교보문고예요. 거기서 읽을 책을 고르는데, 책을 많이 읽다 보니까 의외로 책 내용이 다 비슷비슷해요. 인간의 머리에서 나올 수 있는 게 한계가 있나 봐요. 대부분 아는 내용이다 보니 책장을 넘기는 속도가 점점 빨라져요. 눈을 번쩍 뜨이게 하는 책, 마음에 콱 박히는 책이 점점 줄어들어요. 특히 경영학 관련 책은 다 그게 그거예요. 그래서인지 새로운 내용을 읽을 때면 아주 반갑고 기뻐요."

그는 책을 더는 볼 수 없게 되는 날이 올 때까지는 책을 읽고, 좋은 구절을 모아 《책 속에 길이 있다》 시리즈를 계속 펴낼 생각이다.

"계속하는 말이지만, 독서로 다져온 지혜의 힘이 나를 위기에서 구해주었어요. 그 힘으로 더 나은 길을 찾을 수 있었고요. 그렇게 배움과 독서를 성공의 수단이나 방법의 단계로 생각하던 때가 있었어요. 하지만 이제 나이가 들수록 점점 배움과 독서가 성공을 위한 지침보다도 일과 인생의 올바른 방향과 방법을 찾기 위한 과정으로 다가오네요."

그가 이토록 독서에 집착하는 이유가 뭘까.

"인생불학人生不學이면 여명명야행如冥冥夜行이라고 했어요. 사람이 배우지 않으면 캄캄한 밤중을 걷는 것과 같다는 뜻이죠. 캄캄하니 앞이 보일 리 없잖아요. 목표도 없이 이리저리 헤매고 맴돌 뿐이죠. 그래서는 앞으로 나아갈 수가 없어요. 이런 사람에게는 발전이나 성공이 있을 수 없죠. 제가 독서와 평생학습을 입버릇처럼 말하는 것도 다 이 때문이에요. 독서와 학습이 내가 가야 할 길을 밝혀주는 역할을 하니까요."

그는 단순히 책을 많이 읽는 게 중요한 것은 아니라고 말한다.

"책을 읽는 목적은 어제의 나보다 더 나은 사람이 되기 위해서예요. 많이 읽고 많이 아는 게 중요한 게 아니라 읽은 내용을 체화하고, 행동으로 실천했을 때 비로소 가치가 있는 거죠. 읽은 책의 내용을 행동으로 옮겨서 실천하지 않으면 그건 책을 안 읽은 거나 마찬가지예요. 말로만 떠들면 무슨 소용이 있어요. 그냥 아는 척하는 거지. 책을 읽고 머리에 남는 지식만 가지고는 인생의 꿈을 이룰 수 없어요. 행동으로 옮겨 삶의 지혜로 체득했을 때 진짜 독서가 마무리되는 거죠. 저는 책을 통해서 깨달은 거나 배운 것을 끊임없이 행동으로 옮기려 노력했어요. 이런 과정이 힘들고 어려워요. 그러나 습관이 되면 독서의 지난함이 즐거움으로 변하죠."

김 회장이 이렇게 책에 천착하는 데에는 젊었을 때 더 배우지 못한 아쉬움이 마음 한편에 남아 있었기 때문일 것이다. 그의 가슴속엔 '기회가 되면 학교에 다니겠다'는 염원이 항상 비문처럼 새겨져 있었다. 하지만 신문사에 다닐 때도, 사업을 할 때도 항상 바빠서 가슴 깊이 묻어두기만 했다.

"신문사에 다닐 때는 학력의 필요성을 크게 못 느꼈어요. 대졸 사원들과 경쟁하면서도 제 업무 능력이 떨어진다는 생각을 하지 않았고, 오히려 그들보다 항상 앞서나간다고 자부했으니까요. 그런데 사업하면서 이런저런 모임에 나가게 되었는데, 어느 모임을 가든 처음에 묻는 게 '어느 학교 출신이냐'더군요. 중학교만 나온 사람은 저밖에 없었죠. 그러니까 어느 모임에서도 소모임에 끼지를 못하겠더라고요."

가슴에 응어리로 남은 기억은 또 있다. 아이들이 학교에 다닐 때 가정환경조사서란 걸 적어냈다. 거기에 부모 이름과 나이, 그리고 학력을 기재하는 난이 있었다. 학력란에 중졸이라고 적을 때마다 손이 잠깐 멈칫하곤 했다. 그는 "부끄럽지는 않았지만 마음이 참 그랬다"라고 그때의 심경을 에둘러 말했다.

대학을 나오지 않은 사람이 대외적으로 학력을 높게 보이도록 하는 데 쉽게 사용하는 방법이 대학마다 개설되어 있는 '최고경영자과정'을 수료하는 것이다. 그도 2004년에 모 대학교 경영대학 최고경영자과정을 다녀보았다. 학교 측에서 처음엔 중졸이라는 이유로 난색을 표하며 그를 탈락시켰다. 이 소식을 들은 그를 잘 아는 중견기업 CEO가 "이 사람은 중학교만 나왔어도 대학 나온 사람보다 훨씬 더 아는 게 많다. 최고경영자과정 입학 자격에 학력 제한이 있는 것도 아닌데 왜 떨어뜨리냐"라고 강하게 항의 한 덕분에 입학할 수 있었다.

그러나 그는 남에게 보여주기 위한 학력이 아니라 자기 자신을 위해 공부하고 싶었다. 마침내 2009년 대입 검정고시에 도전, 고등학교 졸업 자격증을 얻었다. 2009년이면 회사가 한창 성장하던 시기라 정신없이 바쁠 때였다. 더구나 국제 금융위기로 인해 경제 상황이 어떻게 급변할지 모르는 살얼음판 같던 상황이었다.

"그때뿐 아니라 사업을 시작한 이후 항상 바쁘고 살얼음판을 걷는 기분이었죠. 너무 바빠서 운전기사를 두 명 채용했을 정도였어요. 새벽 6시에 집을 나서서 밤 11시가 넘어서야 집에 들어갔으니까요. 기사가 몇 달을 못 버티고 그만두곤 했어요. 하는 수 없이 두 명을 채용해서 격일로 근무하게 했죠. 그 정도로 바빴으니 학교에 다닐 엄두를 낼 수 없었어요. 그러다 2009년에 여기서 더 미뤘다간 평생 못 다니겠다는 생각이 들었어요. 그래서 고등학교 과정을 한번 쭉 훑어봤는데 대충 알겠더라고요. 별로 준비한 것도 없었어요. 바로 시험을 보고 우수한 성적으로 통과했죠(웃음)."

교과서를 놓은 지 30년 가까이 지났지만 "훑어보니 대충 이해가 되었다"는 그의 말에서 군대 시절에 독학으로 얼마나 철저하게 공부했는지, 또 5년여 동안 학생들을 더 잘 가르치기 위해 얼마나 열심히 노력했는지 단박에 알 수 있었다.

검정고시에 합격한 김에 욕심을 부렸다. 곧바로 대학에 진학한 것이다. 일반 대학을 다니는 건 시간상 무리다 싶어 한국방송통신대학교에 지원했다. 방송통신대는 여름과 겨울에 집중수업을 들으면 되고 나머지는 통신강좌를 수강하면 되었기 때문에 공부하는 데 큰 무리가 없어 보였다.

방송통신대학은 고등학교 졸업장만 있으면 수능시험을 안 봐도 지원이 가능했다. 하지만 입학하는 건 쉬운지 몰라도 졸업하는 건 무척 어렵다. 4년 만에 졸업하는 학생이 과에서 손에 꼽을 정도였다. 이런저런 이유로 휴학을 하거나, 학과 진도를 따라가지 못해 졸업 학점을 채우지 못하기 때문이다.

"정확히 4년 만에 졸업했어요. 그것도 4년 내내 성적우수장학금을 받았죠. 그래서 학비를 한 번도 낸 적이 없어요. 공짜로 대학 공부를 한 거죠. 그게 고맙고 미안해서 졸업하면서 총장을 찾아뵙고 '무료로 배웠으니까 보답을 하고 싶다'며 꽤 많은 학교발전기금을 기부했어요. 그게 지금도 자랑스럽고 보람 있는 추억으로 남아 있어요."

——— **끝없는 만학의 길**

그는 방송통신대학에서 중어중문학을 전공했다. 전부

터 중국 역사와 문화에 관심이 있었고 사업차 중국을 다니면서 중국을 공부해야겠다고 마음먹었더랬다.

"1992년 한중수교를 전후해 우리나라의 많은 기업과 사업가가 중국 시장에 진출했어요. 초창기에 돈을 많이 번 사람도 있었지만 대부분 실패했죠. 저도 상하이에서 베이커리 사업을 하는 등 이런저런 사업을 시도하다 실패한 경험이 있고요. 우리나라에서 사업하듯이 해서는 실패할 수밖에 없더라고요. 그때 느낀 게 중국에서 비즈니스에 성공하려면 중국을 잘 알아야 한다는 거였어요."

2014년 2월 방송통신대학을 졸업한 그는 학업을 멈추지 않고 사다리를 타고 올라가듯 학력을 쌓아갔다. 성균관대 중어중문학 석사과정에 도전, 같은 해 가을학기에 입학했다.

"봄학기 과정에 지원했다가 떨어졌어요. 나이 때문이었죠. 제가 다른 학생들과 나이 차가 너무 많이 나서 수업에 지장을 줄 수 있다는 거예요. 교수들보다도 나이가 많으니까 교수들이 부담스러워한다는 이유도 있었고요. 저는 그때 이미 중국 관련 책《저우언라이》평전도 펴냈고, 한자 특급 자격증도 가지고 있었어요. 그래서 수업에 전혀 지장을 주지 않을 자신이 있다고 학교를 설득해서 가을학기에 입학할 수 있었죠."

한자 특급 자격증은 그가 평생 이룬 성취 중에서도 보람 있게 여기는 것 가운데 하나로 꼽는다. 사단법인 한국어문회에서 주관하는 전국한자능력검정시험으로 분기마다 자격시험을 본다. 그는 3급, 2급, 1급 시험에 순차적으로 합격했다. 1급을 따면 한자 지도교사 자격증이 주어진다.

'이젠 됐다' 싶었는데 그 위에 특급이 있다는 걸 알게 되었다. 처음엔 특급 시험을 볼 엄두도 내지 못했다고 한다. 익혀야 할 한자가 6천여 자에 달했고, 고문서에나 나오는 옛 한자도 다수 포함되어 있기 때문이다. 사서삼경四書三經을 능숙하게 읽고 쓰고 풀이할 수 있는 수준에 올라야 합격이 가능한 시험이었다. 한번 시험에 전국에서 합격자가 2~3명에 불과할 정도로 어려웠다.

"고문서에 나오는 옛 글자를 익히는 과정이 어렵고 힘들었어요. 나 나름대로 열심히 공부한다고 했는데도 두 번이나 떨어지니까 내심 포기할까 하는 생각도 들더군요. 그러나 이왕 시작한 것 끝까지 해보자는 오기도 생기고, 나 자신의 한계를 극복해 보자는 분발심도 일었죠. 다시 도전하는 쪽으로 마음을 굳히면서 지금까지의 공부 방법을 성찰해 보았어요. 그동안에도 열심히는 했지만, 기존의 공부 자세와 방법으로는 아무리 열심히 해도 또 떨어질 거란 판단이 들었어요. 공부 시간의 총량을 늘리지 않고는 안 되겠다는 생각이 든 거죠."

그러나 회사를 경영하는 CEO가 일은 하지 않고 도서관으로 갈 수는 없는 노릇이었다. 그는 공부 스케줄을 새로 짰다. 그동안 새벽 3~4시에 기상하던 것을 새벽 2~3시로 한 시간 더 일찍 일어나 6시까지 집중해서 쓰기 공부를 했다. 또한 승용차를 타고 출퇴근하면 차 안에서 졸려서 잠이 들 것 같아 삼성역에서 인천 검암역까지 지하철과 공항철도로 출퇴근하며 한자의 뜻과 음을 익혔다. 지하철과 공항철도 안에서도 좌석에 앉으면 졸릴 것 같아 선 채로 손잡이를 잡고 가면서 공부했다.

하루 한 번 목욕탕에 갈 때도 그날 외워야 할 한자를 메모지에 쓴 뒤 투명 비닐 파일에 넣고 들어가 탕 안에서 보면서 외웠다. 집에 돌아와서는 운동으로 자전거 페달을 밟으면서도, 러닝머신 위를 걸으면서도 한자를 익혔다. 이렇게 자투리 시간 1분 1초를 허투루 버리지 않고 죽기 살기로 매달렸다.

"아내가 그러더군요. 제가 잘 때도 잠꼬대처럼 손으로 뭔가를 계속 쓰고 있더라고. 저도 모르게 저절로 손이 움직이며 한자를 쓰고 있었던 거죠. 그 정도로 공부했더니 비로소 합격하더라고요. 2012년 4월 합격자 발표 날 새벽에 일어나 합격자 명단에 내 이름이 있는 걸 확인하는 순간 얼마나 기뻤는지 함성을 지른 기억이 지금도 생생해요. 한자 특급 자격증은 제가 가진 가장 훌륭한 자격증이라고 자부해요. 제가 합격할 때 누적 합격자가 150명이 채 안 되었을 정도로 따기 어려운 자격증이었으니까요."

김 회장은 석사과정을 하는 동안 학교 과제 준비와 발표 준비, 그리고 시험공부 때문에 잠을 푹 자본 적이 없을 정도로 학업에 매달렸다. 그 결과 4학기 동안 이수해야 할 필수 이수 과목을 3학기 만에 다 마칠 수 있었다.

그는 석사 논문을 쓰는 대신 대학원에서 중국 문학을 전공한 것을 기초로 해서 《중국 名詩 名詞 120》을 펴냈다. 중국인들이 애송하는 당나라 시詩와 송나라 사詞 120수를 추린 후, 각 시와 사마다 역사적 배경을 설명하고 풀이하고 중국어 발음까지 달아서 독자들이 외우고 이해하기 쉽게 만들었다.

"중국인에게 당시나 송사를 읊어주면 무척 좋아해요. 저도 그런 경험이 있어요. 중국 측 파트너가 사업 추진에 진척이 있다고 생각했는지 지역 당서기와 저녁 식사 자리를 주선하더라고요. 중국에서 지역 당서기는 시장보다도 권력이 더 센 실력자예요. 그분과 식사하면서 중국 역사를 이야기하고, 당시와 송사를 몇 수 암송해 들려주었더니 눈빛이 반짝거리면서 분위기가 완전히 달라지더라고요. 마지막으로 마오쩌둥이 쓴 시를 암송하면서 그가 부인을 잃었을 때의 슬픔을 담은 시라고 부연설명을 하자 박수갈채가 쏟아지더군요. 중국은 '관시關係' 문화가 강해요. 이 정도로 중국을 잘 이해하는 사람이면 믿을 수 있는 사람, 같은 편이라고 인정하고 도와주는 문화가 있어요. 중국에서 사업하려면

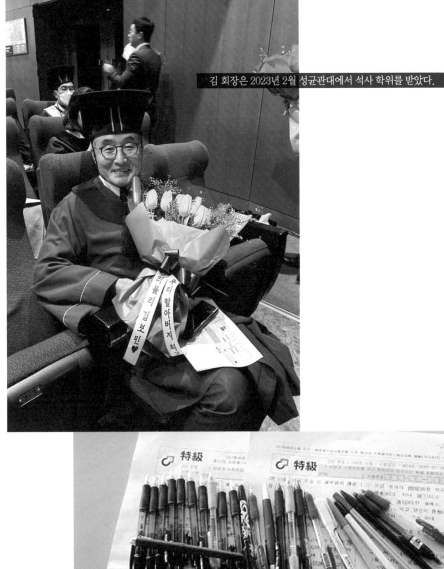

김 회장은 2023년 2월 성균관대에서 석사 학위를 받았다.

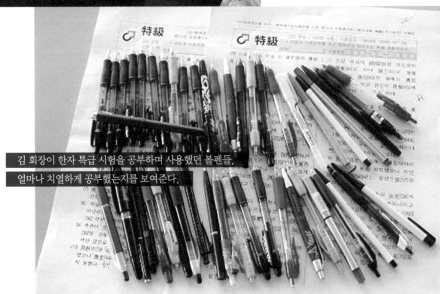

김 회장이 한자 특급 시험을 공부하며 사용했던 볼펜들.
얼마나 치열하게 공부했는지를 보여준다.

관시를 맺는 게 중요해요. 중국 시를 서너 수 정도 암송할 수 있고, 중국 문화와 역사를 어느 정도 알면 중국에서 사업하는 데 큰 도움이 돼요."

그의 배움에 대한 열정은 멈출 줄 몰랐다. 성균관대 중어중문학과 석사과정에 이어 이번엔 한국을 둘러싼 대외 환경을 공부하고 싶어 성균관대 국가전략대학원 석사과정에 입학했다. 2년 반 동안 동아시아의 현황, 미국의 세계전략, 미·중 갈등, 북핵 문제 대응 방안 등 정치·외교·군사 분야를 아우르며 연구하고 토론하면서 사고의 지평을 열어갔다. 그는 공부하는 동안 단 한 번의 결석이나 지각 없이 주경야독했다. 그 결과 학위수여식에서 성적우수자로 선정되어 대표로 단상에 오르는 영광을 얻었다. 그리고 2023년 봄엔 성균관대 동아시아학과 박사과정에 입학했다.

"동아시아학과에서는 유학을 공부해 보려고 해요. 유학은 동양사상의 본류라 할 수 있어요. 공자, 맹자 등 중국의 유학에서 목은 이색, 퇴계 이황 등 한국의 유학으로, 그리고 일본의 유학으로 이어졌죠. 한·중·일 동아시아의 공통 DNA가 유학이라고 할 수 있어요. 3국을 잇는 연결 고리인 유학을 좀 더 연구해 보려고요."

헨리 포드가 말했다. "배우기를 멈추는 사람은 20세건 80세건 늙은 것이다. 반대로 계속 배우려고 하는 사람은 나이에 상관없이 젊다고 할 수 있다. 인생에서 가장 위대한 것은 마음을 젊게 유지하는 것이다"라고. 김상문 회장은 그런 점에서 영원히 늙지 않는 청춘인 셈이다.

─────── **저우언라이와 박태준**

김 회장의 중국에 대한 깊이 있는 이해는 중국 현대사의 3대 거목인 '저우언라이周恩來' '덩샤오핑鄧小平' '마오쩌둥毛澤東' 평전을 직접 저술한 것에서도 확인할 수 있다. 그는 "중국을 제대로 이해해야 중국과의 관계도 반듯하게 세울 수 있다"며 "그러기 위해서는 최소한 이들 세 명 정도는 알아야 한다"고 강조했다. 그는 2014년 펴낸 덩샤오핑 평전《소평소도》에서 다음과 같이 적고 있다.

중국은 아직도 법치가 아니라 인치의 기운이 남아 있는 나라다. 마오쩌둥이나 저우언라이, 덩샤오핑의 사상과 철학이 오늘날까지 살아서 중국을 지배한다. 중국은 세계 최고의 역사와 문화 그리고 전통을 자랑한다. 그들 내면의 기저에는 그런 민족적, 국가적 자부심이 가득하다. 더구나 근대 시기에는 소수의 젊은 마르크스주의자들이 중국공산당을 창당하고 장정長征을 발판으로 삼아 세계 역사의 전무후무한 드라마를 연출하며 독립 국가를 만들었다. 장쩌민이나 후진타오 같은 지도자들이 미국 대통령을 만나서 당당하고 자랑스레 한시漢詩를 낭독하는 것은 그런 자부심의 표현이다.

앞으로 점점 우리는 중국(인)과 더 많은 관계를 맺을 것이다. 그 과정에서 그들의 역사와 문화, 그리고 지도자들을 알고 만난다면 호의에 가득 찬 마음으로 우리를 대할 것이다. 곱든 밉든, 원하든 원하지 않든 중국은 우리 곁에 숙명처럼 존재한다.

평전《저우언라이》는 그가 검정고시를 통해 한국방송통신대학교에 입학하기도 전인 2009년에 펴냈다. 중국 공산주의라는 이념 장벽을 넘어 저우언라이라는 사람 자체를 바라보고 쓴 책이라고 한다. 이 책을 펴내게 된 것은 1993년 사업차 중국을 방문했을 때 겪은 일에서 비롯되었다.

"1992년 중국과 정식으로 수교가 되면서 사업 구상차 몇 차례 중국을 다녀왔어요. 그때마다 느낀 게 중국인들이 저우언라이를 무척 존경하고 좋아한다는 거였어요. 잘 알고 지내던 중국 사업 파트너는 물론 만나는 사람들 대부분이 존경하는 인물로 마오쩌둥이 아닌 저우언라이를 꼽더라고요."

　도대체 저우언라이가 누구길래 많은 중국인이 마오쩌둥보다
도 더 좋아할까 싶어 관련 자료와 책을 찾아 읽어보았다. 그러면
서 마오쩌둥이 중국 인민의 아버지라면 저우언라이는 중국 인민
의 어머니라는 걸 알게 되었다. 그에 대해 알면 알수록 '아니 어
떻게 이런 인물이 있을 수 있나' 하는 생각이 들었다. 저우언라이
같은 인물이 있는 것은 중국에 축복이라는 생각까지 들 정도였
다. 그는 '우리나라도 이런 지도자가 있었으면 좋겠다'는 바람으
로 그에 대한 책을 써야겠다고 결심했다.

　"저우언라이는 사상보다는 인민을 위한 정치를 한 사람, 겸손
과 소박·청렴 등 인간이 갖춰야 할 좋은 덕목을 제대로 갖춘 사
람이에요. 온유하고 성실하고 합리적인 사람이었죠. 자신의 주
장을 앞세우기보다 상대의 의견을 존중하고 귀담아들었고 이견
이 있을 때도 상대를 억압하거나 강요하지 않았어요. 마오쩌둥
처럼 불같은 사람도 어떻게든지 끌어안으려 한, 물과 같은 사람
이었죠.

　무엇보다도 부정부패와 거리가 멀었어요. 모든 걸 남김없이
조국에 다 바치고 갔죠. 유산도, 아무것도 남기지 않았어요. 심
지어 자신이 죽은 후에 애국열사릉에 묻히는 것도 싫다며 화장
해서 조국 산하에 뿌려달라고 유언했어요. 그의 사후에 마오쩌

둥이 이를 강하게 반대했지만, 저우언라이 부인이 몇 번이나 유
언을 받들게 해달라고 청원하자 결국 승인할 수밖에 없었죠. 이
처럼 저우언라이는 작은 무덤조차 남기지 않고 오직 그의 애민
정신만 남긴 채 갔어요.”

　　그는 “당시 저우언라이 책을 쓸 때는 제대로 된 준비 없이 욕심
만 앞섰다. 기회가 되면 보완해서 다시 출간하고 싶다”는 바람을
내비쳤다.

　　“한국에서도 중국의 3대 거목 같은 지도자가 나왔으면 좋겠
다”고 말하는 김 회장은 한국 현대사에서 저우언라이와 비교적
비슷한 인물로 박태준 전 포항제철포스코 회장을 꼽았다.

　　“포항제철은 단순히 제철 공장이 아니라 그 당시 우리 선대가 흘
린 각오와 노력과 애국심의 상징이라고 할 수 있어요. 공사 기간을
앞당기면서도 빈틈없이 완벽하게 공장 건설을 매듭짓는 과정은 그
야말로 감동이고, 우리가 배워야 할 부분이죠. 몇 년 전 포항을 엄
습한 지진으로 많은 건물이 피해를 겪었지만, 그때 지은 포스코 건
물은 아무 이상이 없었을 정도로 튼튼하게 지었어요. 그분이 얼마
나 꼼꼼하고 빈틈없는 분이었는지 알 수 있는 대목이죠.”

　　김 회장은 박태준 회장의 경영 방법도 훌륭했지만 무엇보다 포
항제철을 자신의 손으로 일궜으면서도 정작 본인은 포항제철 주

포항공대 청암조각공원에 있는 고 박태준 회장 동상.
김 회장이 해파랑길을 걸을 때 참배하고 촬영했다.

식을 한 주도 소유하지 않았다는 것에 주목해야 한다고 말한다.

"그게 얼마나 대단한 건지 사람들은 잘 몰라요. 이병철, 정주영 회장이 삼성, 현대를 일군 것과는 격이 달라요. 그분들은 처음에는 먹고살기 위해, 그리고 자기 자식들에게 부를 물려주기 위해 자기 사업을 한 것이지만(물론 그 결과는 국익의 증가로 이어졌지만) 박태준 회장은 처음부터 오로지 국민의 재산, 나라의 번영을 위해 그렇게 열심히 일한 것이거든요. 박 대통령이 '임자 앞으로도 지분을 좀 갖고 있으라'고 권유했는데도 그분은 그렇게 하지 않았어요. 저우언라이가 자신의 모든 것을 나라에 다 바치고 갔듯이 박태준 회장도 포항제철은 자신의 분신이나 다름없었음에도 한 주도 갖지 않고 조국에 바쳤죠."

그는 박태준 회장이 25년에 걸쳐 포항 4기, 광양 4기 제철소 건설을 마무리한 후, 1992년 10월 4일 박정희 대통령 묘소를 찾아 "불초不肖 박태준, 각하의 명을 받은 지 25년 만에 포항제철 건설의 대역사를 성공적으로 완수하고 영전에 보고드립니다"라고 참배하는 모습에서 큰 감명을 받았다고 말한다.

"그 모습은 우리 역사에 길이 남을 명장면이라고 저는 생각해요. 30대의 젊은 나이에 연간 2천만 톤의 쇠를 만드는 제철 공장을 만들라는 박 대통령의 지시를 받고 평생 이 일에 매진합니다. 비록 박 대통령 생전에 그 명령을 완수하지 못했지만, 각고의 노력 끝에 대업을 마무리 지은 후에 가신 이의 묘소 앞에서, 역사 앞에서 '마침내 대임大任을 마쳤노라'고, '이 나라가 발전하는 데 한 역할을 했다'고 당당하게 말하는 모습은 가장 아름답고 숭고한 인간의 본질을 보여주는 사례라 할 수 있죠. 실제 박 회장은 그다음 날 '이제 내 소임을 다했다'며 포항제철 회장직을 내려놓고 야인으로 돌아갑니다. 자기의 역사적 소명을 인식하고 받아들여 그 어려운 과정을 극복하고 일어서는 일관된 자세는 폄훼할 수 없는 고귀한 삶의 모습이 아닐 수 없습니다. 저는 박태준 회장이야말로 후대에 역사적 평가를 다시 제대로 받아야 할 분이라고 생각해요."

─────── 낙관과 인내의 인생 덩샤오핑

《저우언라이》를 출간한 이후 덩샤오핑의 일생을 조명해야 한다는 목표와 부담이 늘 김 회장의 마음 한쪽에 소명처럼 자리했다. 덩샤오핑을 알지 못하고서는 오늘의 중국을 이해할 수 없기 때문이기도 했고, 그가 인생 멘토로 삼은 인물이기도 했기 때문이다. 그는 어려움을 겪을 때마다 덩샤오핑을 생각하며 위안을 받고 위기를 넘겼다고 말한다.

2012년 세 차례에 걸쳐 중국을 방문해 생가와 기념관은 물론 그가 노동자 생활을 했던 장시江西성 난창南昌시 농기계 수리 공장 등 덩샤오핑의 흔적이 남아 있는 곳을 두루 탐방했다. 덩샤오핑은 문화대혁명으로 인해 하루아침에 부총리 자리에서 공장 노동자로 하방下放되어 3년 4개월을 보냈다.

이 기간 덩샤오핑은 매일 공장과 집을 오갈 때 2킬로미터 남짓한 작은 오솔길을 걸으며 개혁개방을 통한 중국의 앞날을 구상하고 설계했다. 김 회장은 그 오솔길을 직접 걸으며 덩샤오핑의 고난과 인내 그리고 꿈과 도전을 생각했다. 그리고 개혁개방의 전도사 덩샤오핑이 걸었던 그 오솔길 '소평소도小平小道'를 덩샤오핑의 인생을 담은 그의 평전 제목으로 삼았다.

집필하면서 어려움도 많았다고 한다. 덩샤오핑에 대한 우리말로 된 정보와 기록에 한계가 많았기 때문이다. 중국 본토의 기록과 제대로 된 자료에 접근하기 위해 애썼고, 이를 통해 기존에 나와 있던 덩샤오핑에 대한 책과 포털사이트의 오류를 반복하지 않으려 최대한 노력했다.

"덩샤오핑은 마오쩌둥을 어려워하긴 했지만 형님처럼 모시고 잘 지냈어요. 하지만 문화대혁명 때 위기에 처했죠. 그때 덩샤오핑을 보호한 게 저우언라이였어요. 저우언라이는 마오쩌둥에게 '주석이 돌아가시고 난 후 중국을 저 4인방마오쩌둥의 아내 장칭 등 문화대혁명을 주도한 4인을 지칭에게 맡길 수는 없지 않습니까. 우리가 혁명까지 해서 이렇게 중국을 만들었는데 사상 때문에 인민을 굶겨 죽일 수는 없지 않습니까. 그래도 중국 인민을 먹여 살릴 사람은 덩샤오핑밖에 없습니다'라고 설득해 난창에 하방하는 것으로 해서 살려냈어요. 그것도 그냥 민가에 살게 하면 홍위병들이 급습해 죽일 수도 있으니까 군부대 안에 거처를 마련해 줘서 홍위병들부터 보호했죠.

덩샤오핑은 사상이 유연한 사회주의자였어요. '먹고사는 게 우선이다', '가난한 게 왜 사회주의냐, 잘사는 사회주의를 만들겠다'는 게 그의 생각이었죠. 그는 자신이 내일 어떻게 될지 알 수 없는 난창에서 4년여 동안 매일 출퇴근하는 동안 그 오솔길을 걸으며 오직 한 가지 생각만 했어요. '하늘이 다시 내게 기회를 준다면 중국을 부유하게 만드는 데 온 힘을 쏟겠다'고. 그래서 집권 후 실용주의 노선을 걸은 거죠."

덩샤오핑은 4번의 위기를 넘기고 일어섰기 때문에 '4전5기의 인물', '부도옹 不倒翁, 넘어지지 않는 노인'이라는 칭호가 따랐다. 혁명에 투신한 젊은 시절에 일어난 권력투쟁에 밀려난 것을 시작으로 그에게 닥친 시련은 상상을 초월했다. 특히 문화대혁명의 광풍이 몰아닥친 1960년대 중반의 상황은 절체절명의 위기였다. 홍위병에 의해 아들은 반신불수가 되었고 자신도 언제 불려나가 숙청당할지 모르는 엄중한 위기를 맞았다.

어린 홍위병들은 당의 혁명원로들에게 갖은 악행을 저질렀다. 망신 주기는 예사였고 구타와 폭행 심지어는 죽이기까지 했다. 이때 견디다 못한 지도층 인사들이 스스로 목숨을 끊는 일이 비일비재했다. 그러나 덩샤오핑은 '결국엔 잘될 것'이라고 마음을 굳게 다잡고 훗날을 도모하며 그 위기를 견뎌냈다.

그는 덩샤오핑의 생활신조는 딱 두 가지였다고 말한다.

"첫째는, 매사를 비관적으로 보지 않고 낙관적으로 보는 것이었어요. 또 하나는 어떤 어려움이 있어도 견뎌야 한다는 인내였어요. 이 두 신조를 양 날개로 해서 74세의 나이에 나라를 맡아 오늘날 중국이 이만큼 살 수 있는 기틀을 만든 거죠."

그는 덩샤오핑의 삶을 사회생활을 시작하는 젊은 청년과 은퇴를 준비하는 50대들에게 꼭 알려주고 싶었다고 한다. 내가 가는 길이 옳으니 지금은 어려워도 반드시 잘될 거라는 덩샤오핑의 낙관과 인내의 정신이 그들에게 큰 울림을 주리라 믿기 때문이다.

그는 《소평소도》에서 덩샤오핑을 이렇게 요약해서 소개했다.

오늘날 중국을 만든 중요한 인물이 세 사람 있다. 마오쩌둥, 저우언라이, 덩샤오핑이다. 마오쩌둥을 소개하는 데는 수많은 형용사가 따라붙는다. 그는 혁명가이자 시인이고 서예가였으며 철학자, 정치가였고, 독재자였다. 그는 태산

《저우언라이》《마오쩌둥》《소평소도》《중국 名詩名詞 120》을 비롯해
《책 속에 길이 있다》(시리즈 전 9권)《걸어서 갈 수는 없었는가》
《길路 위에서 길道을 묻다》 등 김 회장이 집필한 저서들.

같고 바다 같아서 그 높이와 깊이를 예측할 수 없는 사람이라 평가받는다.

저우언라이는 중국인들로부터 가장 많은 존경을 받는 인물이다. 불같은 성정性情의 마오쩌둥 통치에 수반되었던 수많은 문제를 해결하기 위해 살다 간 사람으로, 어머니 같은 역할을 하며 죽는 날까지 봉사하다 간 사람이다. 국민을 위해 봉사하는 전범典範을 보여준 지도자다.

덩샤오핑은 마오의 1세대 통치의 뒤를 이어 2세대의 리더로서 오늘의 중국을 만들어낸 '개혁개방의 총 설계사'이다. 삼락삼기三落三起의 인생을 통해 불굴의 의지와 역전의 삶을 살다 간 사람이었다.

우리가 기억하는 정치인 덩샤오핑도 젊은 시절에는 수많은 실수와 실패를 거듭했다. 전투에서 치욕스러운 패배도 했고, 죽음이 두려워서 탈영하는 우도 범했다. 3천만 명 이상이 굶어 죽은 마오쩌둥의 '대약진운동'과 '인민공사' 정책에 반대하지 않고 동참하여 비극을 야기한 과오도 범했다. 프랑스와 소련에서 몇 년 동안 생활하면서도 불어, 러시아어를 제대로 구사하지 못할 정도로 학습 능력이 뛰어나거나 특출한 재능의 소유자도 아니었다.

개인적으로도 불운했다. 혁명 시절에 첫 부인과는 사별했으며, 그의 두 번째 부인은 그가 정치적으로 불리한 상황에 놓이자 공개적으로 그를 비판하고 그가 아는 다른 남자의 품으로 가버렸다. 홍위병들의 고문으로 인해 큰아들이 끝내 불구가 되는 아픔도 겪었다. 중국의 격동기에 매 순간마다 그가 개인사적으로 감내해야 했던 아픔도 그만큼 처절했다.

덩샤오핑의 일생은 삼락삼기였다고 설명할 수 있다. 그렇다면 무엇이 그를 역사의 승자로 만들었을까? 그는 답한다. 그것은 낙관과 인내라고.

그는 대외적으로 강인하고 냉철했지만 불구가 된 아들을 직접 목욕시키며 가슴 아파한, 마음 여린 아버지였다. 또 어린 손자들에게는 한없이 자상하고 온유한 할아버지이자 친구였다. 그는 인생에서 시련을 겪을 때마다 전보다 더 지혜롭고 강해졌다. 고난 앞에 좌절하지 않고 오히려 인내하여 그 자신이 성장하는 기회로 삼았다. 그렇게 하여 그는 점점 더 큰 사람으로 거듭났다. 그의 좌우명인 낙관과 인내는 그의 정신과 행동이었다. 그것을 바탕으로 그 고통을 담담하게 받아들이며 이겨나갔다.

개혁개방을 선포한 이후 죽는 날까지 일관된 그의 국정 통치 철학은 중국 안에 그대로 전승되었다. 그리하여 오늘날에도 그의 정신은 살아서 중국은 100년을 견지하는 유훈

통치를 하고 있다.

축재와는 담을 쌓았고 후계자를 내정한 뒤 무한한 신뢰감을 표하고, 본인은 미련 없이 용퇴하는 전통도 세웠다. 그가 세계적인 저널리스트인 월리스 기자와 그의 인생 최악의 시기였던 문화대혁명에 대해 인터뷰를 한 적이 있다.

월리스   당신은 문화대혁명을 어떻게 생각합니까?

덩   보기에는 나쁜 일 같지만 따지고 보면 좋은 일입니다. 사람들의 사고를 촉진하고 우리들의 단점을 인식하게 해주었기 때문이죠.

나는 이 짧은 대화 안에서 그의 인생관을 엿봤다. 역경을 긍정적으로 수용하는 그의 사고 안에는 그의 겸손한 성품도 묻어난다. 93년의 일생에 어찌 선행과 영광만 있었을까. 그는 자신의 인생 평점을 어떻게 내렸을까. 역시 그는 겸손했다. 이탈리아의 대표적 언론인이자 작가였던 오리아나 팔라치와의 인터뷰에서 덩샤오핑은 이렇게 말했다.

오리아나 팔라치   당신은 당신의 인생을 어떻게 생각하십니까?

덩 50점 정도라고 여깁니다. 나는 적지 않은 과오를 범했고, 마오쩌둥도 그랬죠. 어떤 일에는 나도 참여했고요. 하지만 나는 말할 수 있어요. 내 인생은 부끄러움이 없다고. 물론 잘못조차 포함해서 말이에요. 잘못조차 좋은 마음으로 저지른 것이니까요.

150센티미터의 단신, 화려하지 않은 학력, 삼락삼기의 불굴의 인생, 재산이라곤 집필했던 책의 인세뿐이고 그나마 그것도 기부하고 간 사람.

74세에 국가의 운명을 맡은 이래 세상에서 가장 많은 인민의 먹고사는 문제를 해결하려고 끊임없이 노력한 사람. 그가 덩샤오핑이다.

《마오쩌둥》평전을 쓸 때는 고민이 많았다. 긍정과 부정, 훼예포폄毁譽褒貶이 가장 첨예하게 나뉘는 인물이었기 때문이다. 그만큼 완성하기 힘들었다고 말한다. 그가 중국 현대사의 3대 거목 중에서 마오쩌둥을 마지막으로 쓰게 된 이유다.

"잘한 것도 많지만 잘못한 것도 많은 사람이죠. 덩샤오핑은 마오쩌둥의 공과를 7대 3이라고 했지만, 제가 봤을 때는 5대 5 정

한국능률협회 500회 최고경영자조찬회에서 특별강연을 하는 김상문 회장.

도 되지 않나 싶어요. 우선 사람을 너무 많이 죽였어요."

그는 《마오쩌둥》 평전을 준비하면서 새로운 시도를 했다. 한국 방송통신대에서 중어중문학을 함께 공부한 동기들과 공동으로 집필한 것이다. 마오쩌둥 관련 자료를 수집하기 위해 그들과 함께 중국 옌안의 혁명유적지를 둘러보는 등 수차례에 걸쳐 중국을 방문하고 함께 마오쩌둥을 공부했다. 고된 책 쓰기 과정에서 처음 동참한 열 명 중 세 명만이 남았고, 4년여의 기간에 걸쳐 700여 페이지 분량의 방대한 책이 완성되었다.

"최대한 객관적 관점에서 집필하려고 노력했어요. 인류 역사에 길이 남을 지도자인 것은 분명하지만, 중국 현대사를 피로 물들인 사건들 속에서 자신감이 자만심으로 변질되는 결정적 실수를 저질렀어요. 이러한 결과가 우리에게 반면교사가 되길 바라는 마음을 책에 담았죠."

그의 중국 연구에 대한 노력과 성과는 널리 인정받고 있다. 많은 기업과 대학에서 특강 요청이 끊이지 않는다. 그는 특히 2015년 하얏트호텔에서 열린 한국능률협회 500회 조찬 특별강연 연사로 선정된 것을 뿌듯한 기억으로 갖고 있다. 사회지도층 인사들과 기업 CEO 등 800명이 모인, 그야말로 특별한 장소에서 한 시간 동안 강연을 하고, 박수갈채를 받았기 때문이다.

미국 일리노이주 스프링필드 링컨박물관에 있는
링컨 동상의 손을 잡은 김상문 회장.

———— 링컨을 기다리며

　　김 회장은 요즘 링컨 대통령 책을 집필하는 데 전념하고 있다. 1차 원고를 마무리할 즈음인 2023년 6월엔 8일간의 일정으로 링컨이 태어난 켄터키에서부터 인디애나, 일리노이를 거쳐 암살당한 워싱턴DC 포드극장까지 그의 삶의 흔적을 더듬어 보기도 했다.

　링컨의 생가를 비롯해 그가 머물고 생활했던 곳에는 예외 없이 국가 차원의 기념관과 추모 공간이 정중하게 마련되어 있었다. 이곳을 매일 수많은 사람이 가족 또는 가까운 이들과 함께 순례하듯 찾아와 경건하게 링컨의 발자취를 돌아보고 있었다. 김 회장은 이 여정을 통해 "새삼 미국인과 전 세계인들이 얼마나 링컨을 사랑하고 존경하며 추모하는지를 확인할 수 있었다"고 했다.

　"미국에서 '역사상 가장 존경받는 인물'을 설문 조사했는데 최고는 예수 그리스도였고, 그다음이 링컨이었어요. 건국의 아버지인 워싱턴조차 그보다 뒤에 있을 정도죠. 러시아 대문호 톨스토이는 링컨을 일컬어 위대한 해방자요, 인류 역사상 가장 위대한 성자, 예수 그리스도의 축소판이라고 칭송했어요. '우리는 그의 위대함을 체험한 지가 아직 오래지 않아서 그의 뛰어난 능력을 올바로 파악하기가 어렵다'며 '수백 년이 지나면 후손들은 지금보다는 훨씬 더 훌륭한 인물로 평가할 것'이라고까지 찬양할 정도였죠. 자화자찬의 정치가로 유명한 트럼프 전 대통령조차 '나는 미국 역대 대통령 중 가장 위대하다. 단 한 사람, 링컨 대통령을 제외하고'라고 말할 정도니까 링컨의 위상이 어느 정도인지는 더 말할 필요도 없죠."

미국 남북전쟁을 승리로 이끌고 노예해방을 이룬 링컨의 위대함을 모르는 사람은 없다. 이미 그에 대한 책이 수백 종은 출간되어 있을 정도다. 고故 노무현 대통령도 링컨에 대한 책을 펴냈다. 그럼에도 직접 링컨 위인전을 집필하려는 이유가 뭘까.

"링컨은 잘 알려져 있다시피 가난을 딛고 독학으로 끊임없는 노력의 과정을 거쳐 밑바닥에서 정상으로 올라간 사람입니다. 그가 받은 공식적인 교육 기간은 겨우 11개월 정도에 불과했어요. 하지만 그는 가난해서 책을 살 형편이 안 된다고 포기하지 않고 책을 빌려서 읽어가며 스스로 지식을 쌓아 올렸어요. 나중엔 독학으로 변호사 자격까지 취득했죠. 학력學歷이 아니라 학력學力을 쌓은 것이지요.

그는 고난의 인생을 학교로 삼았고, 실패와 비난을 과목 삼아 충실히 공부했어요. 가난했기에 남의 농장에서 막노동 품앗이를 하고 가게 점원, 우체국장, 뱃사공, 측량기사, 프로레슬러 등 수많은 직업을 전전하며 온갖 힘든 일을 경험했어요. 그러면서도 독서와 공부를 게을리하지 않았고, 남을 배려하고 남의 말에 귀

링컨 생가를 찾은 김 회장이 인근 숲길을 걸으며 링컨의 도전과 포용의 정신을 되새기고 있다.

를 기울이는 인품을 쌓아올렸죠. 그래서 그를 인정한 주변 사람들의 권유로 정치에 입문하게 되었고요."

정치인으로서 링컨은 성공보다는 실패가 더 많았다. 하지만 그는 좌절하지 않았고 더욱 자신을 갈고닦아 마침내 '대통령 당선'이라는 가장 큰 승리를 만들어냈다.

"링컨의 위대함은 대통령이 된 후에 더 빛을 발해요. 자기를 미워하고 무시하고 욕하던 사람들이라도 오직 능력만을 평가해 장관으로 임명하고 함께 일했어요. 그 숫자가 장관의 대부분을 차지할 정도였죠. 그 결과 이들이 링컨의 리더십을 인정하고 함께 나라를 위해 열심히 일함으로써 국가 분열 위기로 갔던 남북전쟁을 승리로 이끌 수 있었죠.

남북전쟁에서 승리한 후에도 자신에게 총을 겨누었던 남부 사람들을 사랑과 관용, 용서와 포용으로 껴안아 미국을 진정한 하나의 국가로 단합시켰어요. 사실 링컨 이전의 미국은 각 주의 연합체일 뿐 '한 나라'라는 의식이 희박했어요. 'The United States are ~'라고 표현하던 것을 링컨 이후엔 'The United States is ~'라고 표현해요. 링컨으로 인해 하나의 나라이자 운명을 함께하는 진정한 국가가 된 것이죠."

링컨이 암살당했을 때 누구보다 슬퍼한 사람들은 그를 비난했거나 경쟁한 사람, 적이 되어 총을 겨누었던 남부 지방의 사람들, 그리고 노예 신분에서 해방된 흑인들이었다. 이렇듯 링컨이 남긴 고귀한 유산은 160여 년이 지난 오늘날에도 미국의 정신과 가치관을 만들고 전 세계의 수많은 이들에게 커다란 등불이 되고 있다.

김 회장은 자신의 손으로 링컨의 삶을 정리하려는 이유에 대해 이렇게 말했다.

"우선 내 사랑하는 자식과 손주들에게 링컨의 일생을 알려주어 본받게 하고 싶어요. 그리고 앞으로 이 땅의 주인이 되어 살아갈 수많은 젊은이에게 흙수저 출신의 링컨이 걸어간 도전과 실패 그리고 성취의 삶을 진솔하게 알려주고 싶어요. 마지막으로 우리 사회 전 분야에서 갈등과 대립이 점점 더 심화되고 있는 게 가슴 아파요. 그래서 지금 그 갈등의 대척점에 서 있는 책임 있는 분들에게 링컨이 말하고 행했던 화해와 용서, 화합과 포용의 리더십을 느끼게 하고 싶어요. 그래서 책 제목도 '링컨을 기다리며'로 하려고요. 무엇보다 그의 통합 리더십, 겸손 리더십, 관용 리더십은 자라나는 청소년들이 꼭 알아야 하고, 배워야 할 덕목이라고 생각해요."

—— 독서와 학습 문화의 정착

김 회장의 독서와 학습에 대한 천착은 개인적 행위로

끝나지 않는다. 신입 직원에게 《논어論語》를 선물한다. 인문학적 소양을 닦는 데 그만한 게 없다고 보기 때문이다. 그냥 주는 선물이 아니다. 논어 전체 문장을 필사筆寫, 베껴 쓰기하는 과제가 함께 주어진다.

"논어는 눈으로 읽는 책이 아니고 가슴에 새기는 책이거든요. 손으로 직접 쓰면서 가슴에 새기라는 뜻이죠. 특히 맨 앞의 세 줄은 꼭 외워야 해요. 그 세 줄이 논어의 핵심이니까요. 학이시습지 불역열호學而時習之 不亦說乎라, 배우고 늘 익히면 기쁘지 않은가. 유붕자원방래 불역락호有朋自遠方來, 不亦樂乎라, 벗이 먼 곳에서 찾아오면 즐겁지 않은가. 인부지이불온 불역군자호人不知而不慍 不亦君子乎라, 남이 나를 알아주지 않더라도 노여워하지 않으면 이 또한 군자가 아닌가. 공부하는 습관을 들이고, 주위에 좋은 친구를 두고, 겸손으로 자기 처신을 일관한다면 인생에 어려울 게 없다는 말씀이죠."

그는 회사 전 직원에게 학습이 습관이 되도록 독려한다. 학습이 업무의 하나일 정도다. "배우는 사람이 어제보다 나아지듯, 학습하는 조직은 성장을 멈추지 않는다. 학습이 멈추면 아이케이도 멈춘다"는 그의 철학 때문이다. 그런 일관된 학습 문화는 회사의 DNA로 자리 잡고 있다.

"예전엔 입사한 직원들은 무조건 한자 3급을 따도록 했어요.

직원들을 상대로 인문학 강의를 하는 김상문 회장.

책도 1년에 60권 이상 읽도록 했고요. 그걸 근무 평점에 반영했고, 승진하는 기준이 되었죠. 처음엔 직원들 불만이 많았어요. 그것 때문에 회사를 그만둔 사람이 있을 정도였죠. 지금은 그렇게 강제하지는 않고 자율적으로 권하고 있어요. 목표를 달성한 직원에게는 포상하는 식으로."

그가 한자 공부를 강조하는 이유는 하나다. 우리 언어는 기본적으로 한자를 모르고는 문장을 제대로 이해할 수 없다. 모든 중심 어휘의 근원이 한자로 구성되어 있기 때문이다. 한자의 의미를 알고 책을 읽는 사람과 의미를 모른 채 책을 읽는 사람은 이해하는 속도가 다르고 이해하는 폭과 깊이도 다를 수밖에 없다. 그렇기에 책 읽기에서 한자의 이해는 필수적으로 수반되어야 하는 과정이자 중요한 도구다. 한자 3급 수준 정도만 알고 있으면 웬만한 국내 도서는 이해할 수 있다.

독서도 마찬가지다. 전에는 무조건 1년에 60권 이상 읽도록 강제했지만 지금은 독서를 권장하는 시스템으로 바꿨다. 회사 사내복지기금을 통해 전 직원에게 매달 두 권씩 회사 지정 도서를 나눠준다. 그것만 읽어도 1년에 24권을 읽는 셈이다. 지정 도서를 읽지 않으면 매달 부서별로 진행하는 학습 미팅에 제대로 참여할 수 없기에 읽지 않을 수 없다.

그 외에도 본인이 구매한 책은 영수증을 첨부하면 그 액수만큼 도서상품권으로 돌려준다. 책을 계속 사서 읽으라는 의미다. 이렇게 해서 1년에 최소 30~40권은 읽는 분위기를 조성하고 있다. 또한 읽은 책은 본인의 독서 노트앤솔러지 Anthology를 만들어 정리하도록 권장한다. 어느 정도 앤솔러지가 쌓인 직원에 대해서는 단행본으로 만들어줄 계획도 갖고 있다.

그는 직원들에게 보내는 편지에서 독서의 중요성을 이렇게 강조했다.

책 읽기의 중요성은 설명이 필요 없을 정도로 사람이 살아가는 데 꼭 필요한 습관입니다. 많은 공부와 지식이 곧 삶의 지혜로 연결되는 것은 아니지만 살아나가는 기초는 만들어 줍니다. 특히 통찰력은 독서를 하지 않으면 바탕이 서지 않아요. 학교 문을 나서면 책을 손에서 놓는 사람들이 대부분입니다. 바빠서 책을 못 읽는다고 말하는 사람들도 많습니다. 하지만 책 읽기는 시간이 남을 때 하는 선택 행위가 아니라 반드시 해야 하는 필수 행위로 습관이 되어야 합니다. 인생을 살아가며 가장 중요한 것은 배움입니다. 시대와 나라를 초월해 성현들도 책 읽기의 중요성을 누누이 강조하지 않았던가요. 배움을 포기하거나 소홀히 하면 사람 노릇을 할 수 없습니다. 매월 일정량 이상의 독서를 해야 하고, 그렇게 쌓아 올린 지식은 학습 미팅 등을 통해 공유합니다. 이 자리를 통해 그동안 알고 있었지만 잊고 있던 것들을 다시 기억하게 되고 지식을 실천할 동기를 부여받습니다.

그런데 직원들은 언제 책을 읽는 걸까. 업무 시간 외에 책을 읽으라고 하면 실천이 불가능하다. 그래서 아이케이에서는 업무 시간에 책을 읽는 걸 당연하게 생각한다. 회사는 아침에 한 번, 오후에 한 번씩 독서실로 변한다. 업무를 시작하기 전 이른 시간, 그리고 퇴근을 앞둔 시간이면 회사 전체가 독서실처럼 조용해진다.

업무 전 독서는 어떤 일도 더 잘할 수 있을 것 같은 자신감을 높여준다. 고양된 마음으로 하루를 시작하기에 업무를 시작할 때부터 즐거워진다. 오후 책 읽기도 마찬가지다. 책을 보다가 퇴근하면 업무로 쌓인 피로감은 어느새 사라지고 다시 에너지가 충전되어 가벼운 마음으로 집으로 향하게 된다. 책을 조금이라도 더 읽기 위해 자투리 시간, 점심시간을 활용하는 직원도 많다.

이렇게 독서를 통해 얻은 지식과 지혜는 한 달에 한두 번씩 열리는 부서별 학습 미팅 시간에 토론이나 발표로 공유된다. 학습 미팅 시간에는 영업과 관련된 영감부터 고객을 만날 땐 어떻게 해야 하는지, 경청의 태도를 잊어서는 안 되는 이유, 삶을 잘 살아가는 지혜 등 다양한 이야기가 자유롭게 오간다.

직원들이 자신이 읽은 책을 요약해 발표하고 토론도 하면서 늘어나는 건 지식만이 아니다. 전달하려는 내용을 글과 말로 잘 정리해 내는 능력, 더 이해하기 쉽게 표현하는 능력, 사람들 앞에서 발표하는 능력 등 업무에 유용하게 쓰이는 능력을 키우는 시간이 된다. 책을 통해 인성이 길러지는 건 덤이다.

직원들은 학습 미팅을 통해 평소 사용하는 어휘가 더 성숙해지고, 생각이 달라지고, 삶의 태도가 달라졌다고 말한다. 이쯤 되면 회사는 더는 먹고살기 위해 어쩔 수 없이 다니는 곳이 아니라 더 나은 삶을 만들어나가는 곳이라고 할 수 있다. 그래서 스카우트 제의를 많이 받지만 이직하는 직원은 드물다. 이런 문화는 어디에도 없기 때문이다.

아이케이의 학습 문화는 다른 회사에서도 배워갈 정도다.

"조인주식회사라고, 닭과 메추리의 특화된 아이템으로 연 4천억여 원의 매출을 올리는 초우량 농업회사가 있어요. 어느 날 그 회사 한재권 대표님이 지인을 통해 우리의 학습 문화에 관심이 많다며 꼭 만나고 싶다는 요청을 해와서 만났어요. 저보다 몇 살 연상이신데, 그분의 이력도 존경스러워요. 가난으로 초등학교 졸업이 전부이신 분이셨죠. 먹고살기가 너무나 힘들어 스무 살에 무작정 상경해 양계장에서 밑바닥부터 생활하며 한 계단 한 계단 올라가서 10년이 되던 해인 1979년 양계 사업을 시작하셨대요. 40년 동안 회사를 키워 해외 진출까지 하는 글로벌 기업으로 일구신 거죠. 그분께서 '학습하는 문화가 정착하지 않은 조직은 어느 업종이든 상관없이 도태당할 수밖에 없다'고 하시며 우리 회사의 학습과 독서 문화에 큰 관심을 표하고 당신 회사도 우리의 학습 문화를 배우고 싶다고 하시더군요."

───── **환갑에 골프장 144홀 완주하다**

"건강을 유지한다는 것은 자신에 대한 의무인 동시에 사회에 대한 의무이기도 하다"는 벤저민 프랭클린의 말을 빌리지 않더라도 건강은 삶의 처음이자 끝이다. 특히 성공하려면 건강은 필수 불가결한 요소다. 김상문 회장도 독서와 학습만큼이나 건강관리에 남다른 노력을 기울여왔다. 2018년에 펴낸《걸어서 갈 수는 없었는가》에 그가 평소 얼마나 건강관리에 남다른 노력을 기울여왔는지를 보여주는 내용이 있다.

매일 숨 가쁘게 살아가며 많은 일정을 소화하다 보면 몸은 지치고 피로해지게 마련이다. 더구나 피할 수 없는 술자리

안 하는 거야 못 하는 거야

도 있다 보니 건강에 신경 쓸 수밖에 없다. 재물을 잃는 것은 인생의 일부를 잃는 것이고, 명예를 잃는 것은 인생의 절반을 잃는 것이고, 건강을 잃는 것은 인생의 모두를 잃는 것이라고 하지 않았던가.

나는 건강을 지키기 위해 우리가 알게 모르게 하는 숨쉬기처럼 운동을 자연스레 체화시켜 왔다. 아무리 힘들고 피곤해도 집에 들어오면 운동복으로 갈아입고 트레드밀이나 자전거에 오른다. 운동하다 보면 어느새 땀과 함께 스트레스가 몸 밖으로 빠져나가는 것을 느낄 수 있다. 특히 술 마시고 들어오는 날에는 운동을 통해 술기운을 밖으로 내보내고 샤워한 후 개운한 몸과 마음으로 잠자리에 든다. 그러면 아침에 거뜬히 일어나게 된다. 주변에서는 피곤한데 운동할 힘이 남아 있느냐고 반문하지만 내가 지금껏 경험해 본 결과 우리 몸은 신비로워서 그것을 가능하게 해준다.

운동으로 땀을 배출하면 신체 내부의 질병 요인이 될 수 있는 유해인자들을 함께 내보내 질병 예방에 도움이 된다는 의학 관련 기사를 본 적도 있다. 목욕탕 사우나의 뜨거운 열에 의해 나오는 땀과 운동해서 나오는 땀의 성격이 전혀 다르다. 일이 마음처럼 되지 않을 때, 실패했을 때, 지쳤을 때 침대로 가서 쓰러지지 말고 운동복으로 갈아입고 뛰거나 빠르게 걷거나 숨이 헉헉거릴 정도로 산에 오르면 어느새 새로운 기운과 정신이 심신을 가득 채운다. 이런 정신이 사람을 강하게 만든다.

직원들과 가끔 산에 오르면 나 자신의 체력을 체감한다. 젊은 사람들이 헉헉거리며 간신히 올라가는 것을 보면 충고와 질책도 한다. 건강은 무엇보다 중요하다. 세상을 아우르는 지혜가 있어도 건강이 없다면 소용없다.

나는 골프를 치러 필드에 나가면 한 번도 카트에 타는 법이 없다. 그럼에도 동반자들보다 더 빨리 움직인다. 한번은 아주 험하고 비탈진 코스가 많은 골프장에서 운동한 적이 있다. 그때 플레이를 마친 후 캐디가 "제가 여기서 10년째 근무하는데 카트 타지 않고 끝까지 걸으신 분은 처음 봤어요"라고 말했다.

2005년 4월 18일 월요일, 내게는 결코 잊을 수 없는 날이다. 그날 새벽 5시 중국 북경 교외에 있는 경도골프장에 도착했다. 평소 생각해 오던 나 자신에 대한 도전을 결심하고 필드로 나갔다. 당시 북경에서 공부하던 막내도 함께했다. 월요일은 골프장이 한가하기에 미리 부탁해 A와 B 코스에 다른 골퍼들을 받지 않는다는 조건으로 계약하고 플레이를 시작했다. 카트를 운영하지 않는 곳이기에 걷거나 뛰는 것

외에는 이동수단이 없었다. 오직 두 발만이 유일한 이동수단이다.

오후 6시까지 단 한 번도 쉬지 않고 달리고 또 달렸다. 식사는 선 채로 물과 바나나, 초콜릿으로 해결했다. 골프는 18홀로 이루어진다. 모든 홀의 거리와 홀 간의 이동 거리를 합산하면 8킬로미터 정도 된다. 7회 라운드를 쉬지 않고 했으니 56킬로미터를 걸은 셈이다. 플레이를 마치고 나니 몸은 물먹은 솜처럼 무거웠고, 다리는 간신히 발걸음을 옮길 정도였다. 지칠 대로 지친 상태였지만 많은 골프장 직원들의 환호성과 박수 속에 마음 가득 뿌듯한 성취감을 안고 클럽하우스로 들어섰다. 골프장 측에서는 아주 놀라운 기록이라면서 함께 운동한 보조원 4명의 이름까지 기록해 비석에 새겨 골프장에 설치했다.

그로부터 6년의 세월이 흘러 60세가 된 2011년 4월 18일 그 골프장을 다시 찾았다. 나이가 의미하는 여러 감회가 나를 부추겼고, 체력과 정신력을 다시금 시험하고자 도전한 것이다. 지난 126홀 도전과 같은 날짜, 시간, 장소를 택해 나 자신의 한계에 정면 승부를 걸었다.

이번에는 1회 더 늘려 8라운드 총합계 144홀이 새로운 도전 목표였다. 오전 5시 18분에 시작해 오후 6시까지 이동

159

거리만 64km 내외에 이르는 그야말로 골프 대장정이었다. 나는 또 해냈다. 함께한 사람들이 경악을 금치 못한 채 환호와 찬탄의 박수를 보내주었다. 자랑스러웠다. 누구도 해내지 못한 도전을 성공적으로 마쳤다는 뿌듯한 감동이 물밀듯 밀려왔다.

지금도 그때 함께한 사람들과 찍은 사진을 보고 있으면 순간순간이 그리워진다. "어떻게 그럴 수 있느냐"고 묻는 사람들도 있다. 그때마다 나는 대답한다.

"누구나 할 수 있는데 도전을 안 한 것뿐이지요."

하는 것과 못하는 것을 결정하는 것은 자기 자신이다. 자신의 한계치를 너무 낮고 짧게 잡아서 안 하고 못 하는 것일 뿐이다. 목표를 높고 길게 잡아서 거기에 맞추다 보면 자신의 능력은 저절로 키워지게 마련이다. 도전해서 이루었을 때의 그 짜릿한 성취감과 하면 된다는 자신감은 다시 더 큰 도전으로 이끌어줄 것이다.

김 회장은 지금까지 집에 들어가서 그냥 잠자리에 든 적이 거의 없다고 한다. 특히 술을 마셨을 땐 일부러라도 운동을 더 했다.

"술을 많이 마셔서 힘들 때는 러닝머신 위에서 바를 잡고서라도 1시간은 꼭 걸어요. 웬만하면 뛰고요. 그렇게 해서 술이 다 깬 후에 샤워하고 잠자리에 들지 그냥 곯아떨어진 적이 거의 없어요. 한 번도 없다면 거짓말이고…. 하루는 큰애가 그러더라고요. 밤늦게 귀가한 아버지가 러닝머신에서 바를 잡은 채 졸면서 걷고 있더래요. 그날 제가 술을 많이 마셨는데, 술에 취하면 졸리잖아요. 잠을 이기지 못해 졸면서도 운동을 하고 있었던 거죠. 그걸 보고 큰 충격을 받았대요. 막내는 제가 144홀 도는 것을 직접 봤어요. 자기는 절반쯤 돌다가 지쳐서 포기했는데 환갑인 아버지는 144홀을 완주하는 것을 직접 목도한 거죠. 이런 모습이 자식에게는 포토그래픽 메모리가 되어 머릿속에 각인되어 있을 거예요. 죽는 날까지 아버지 하면 떠오르는 이미지로 남아 있겠죠. 그게 자식들이 세상을 살아가는 데 선한 영향력을 주지 않을까 싶어요."

그는 평발이다. 게다가 발가락 사이에 고질적인 티눈도 있다. 가볍게 걷는 것은 별 무리가 없지만 20킬로미터 이상 달리는 건 어렵다. 그렇다고 포기할 그가 아니다. 젊었을 때는 10킬로미터 달리고 10킬로미터 걷는 식으로 달리기와 걷기를 반복했다. 책에서 그렇게 하는 게 최고의 운동법이라는 것을 배웠기 때문이다.

젊었을 때는 별문제 없었는데, 나이가 들수록 무릎 연골에 무

161

리가 가는 게 느껴졌다. 그래서 달리는 것보다 걷는 것, 그것도 조금 빠르게 걷는 것으로 방향을 바꿔 습관을 들였다. 사업을 하며 시작한 골프도 카트를 타지 않고 걷기로 일관했다.

"그래서 무릎 연골 근육이 잘 단련된 거 같아요. 일흔이 넘은 지금도 하루 40킬로미터 이상 걸어도 무릎이 버티는 걸 보면요."

2011년 그는 환갑을 맞아 색다른 도전에 나섰다. 위의 인용문에 나와 있듯이 골프장 144홀, 약 64킬로미터를 걸어서 돈 것이다. 그것도 그냥 걸은 게 아니라 매 홀 홀아웃을 해가면서 돌았다. 젊은 사람도 2라운드 36홀을 돌면 진이 빠지고 다리가 풀리는데, 환갑의 그는 8라운드를 쉬지 않고 돈 것이다. 주위에서 기네스 기록으로 신청하자는 제안도 있었지만 그는 그럴 생각이 없다고 했다.

"특별한 기록을 세우려는 욕심은 없었어요. 그보다는 나 스스로에 대한 이정표를 만들어봐야겠다고 생각했어요. 그리고 지금 내가 가진 한계가 어느 정도인지 확인해 보고 싶었고요. 환갑을 맞으며 그전에 성공한 기준인 126홀을 넘겨보자는, 내 한계를 넘겨보자는 생각으로 한 거죠. 진정한 성공은 물질적 부의 축적이 아니에요. 자기가 원하는 걸 이루는 게 진짜 성공이죠. 성공으로 가는 원동력은 한계를 늘려가는 거예요. 예를 들어 몸짱을 만드는 게 목표라고 한다면 지금 팔굽혀펴기 20번 할 수 있는 걸 30번으로 늘리고, 30번을 하게 되었으면 40번으로 늘리고, 그렇게 자신의 한계를 계속 늘리는 게 몸짱이라는 성공으로 가는 원동력인 거죠."

─────── 대한민국 5대 둘레길 최초 완주

김 회장은 고희를 맞은 2021년, 또 다른 도전에 나섰다. 2020년 1월 12일 우도에서 시작해 총 26코스 425킬로미터의 제주 올레길을 걸은 게 계기가 되었다. 혼자 걷기도 했지만 가끔은 지인들이나 임직원 몇 명이 합류해 함께 걸었다. 길을 걸으며 얻은 마음의 평안함이 무척 좋았기에 펜을 들어 직원들에게 자신의 경험과 느낌을 편지로 썼다. 길을 어떻게 걸었는지, 무엇을 보고 느꼈는지를 써 내려갔다. 가슴 벅차도록 좋았던 길 위의 풍경들, 걸으며 생각하고 반성했던 성찰의 시간과 깨달음을 담아 전했다.

제주 올레길 트레킹을 마치면서 그의 마음에서 우리나라 전체를 걸어보고 싶다는 열망이 솟아났다. 그는 제주 올레길 완주를 기념하는 조촐한 모임에서 선언했다. 대한민국 동서남북 4대 둘레길을 마저 걷겠다고.

"종심從心의 나이에 마음이 내키는 대로 한번 걸어보자, 인생을 돌아보고 남은 인생도 생각해 보는 시간을 갖자, 이 땅에 태어났

아이케이 김상문 회장님 국토 종주

315코스 5035.3km 완주

2022年 10月 16日

김 회장은 2022년 10월 16일 최초로 전국 5대 둘레길 5035킬로미터를 완주했다.

김 회장이 전국 5대 둘레길을 걷는 동안 직원들도 조를 나누어 2박 3일씩 함께 걸었다.

는데 넓지도 않은 이 땅덩어리에 내 발자국을 한 번씩은 남겨야 하지 않겠나, 그런 생각이었죠. 건강이 허락할 때 두 발로 내 나라를 걸으면서 인생을 배우고 싶다는 생각도 있었고요."

사람들이 모두 "연골 나간다" "그 나이에 무리다"라며 만류했다. 김 회장 스스로도 처음부터 완주할 자신이 있었던 것은 아니다. 총 5035킬로미터에 달하는 멀고 먼 길이지만 한 걸음 한 걸음 걸을 때마다 남은 거리가 줄어들 테니 걷다 보면 언젠가는 다 걷게 되지 않을까 하는 막연한 생각이었다.

"제주 올레 완주 증서를 받았는데 증서번호가 5773번이었어요. 지금까지 완주한 이가 모두 5773명이라는 의미죠. 제주 올레 길을 완주한 사람에게 증서를 주기 시작한 게 2007년부터였으니 14년이라는 짧지 않은 시간이 지났음에도 완주한 이의 숫자가 생각보다 적었어요. 1년에 고작 400명 정도 완주한 셈이죠. 왜 그럴까를 생각해 봤어요. 많은 사람이 제주 둘레길 완주를 목표로 세우지만 달성하는 사람이 그만큼 적다는 거죠. 지속의 의미, 습관의 무게가 그만큼 무겁습니다. 하기로 했으면 될 때까지 지속하는 습관이 있어야 목표를 이룰 수 있다는 걸 한반도 둘레길 걷기를 통해 다시 한번 확인해 보고 싶은 마음도 있었죠."

부산에서 해남까지 이어지는 남해안 걷기 길인 남파랑길총 1470km을 첫 트레킹 코스로 정했다. 2021년 3월 2일 해남 땅끝마을을 출발점으로 삼아 대장정을 시작했다. 부산이 아닌 해남을 시작점으로 잡은 것은 동고서저의 지형 특성을 고려해서였다. 낮은 곳에서 시작해 높은 곳으로 가는 게 그의 도전 정신과 맞닿아 있다고 생각했기 때문이다.

남파랑길을 시작으로 해파랑길울릉 해담길 포함, 부산~강원도 고성 770km, 서해랑길해남~강화 1800km, 평화누리길강화~고성 526km을 틈날 때마다 걷고 또 걸었다.

한 번에 쭉 돌거나, 순서대로 걸은 것은 아니다. 일정에 따라 그때그때 구간을 정해 걸었다. 예를 들어 포항에 출장이 있으면 포항 쪽 길을, 고성에 갈 일이 있으면 고성 쪽 길을 걷는 식이었다. 한번 걸을 때 보통 4박 5일 일정으로 걸었다. 길게는 열흘씩 걸을 때도 있었다. 첫날은 집에서 출발해야 했고, 마지막 날은 집으로 돌아와야 했기 때문에 이때는 10~20킬로미터 정도 걷고, 온전하게 걷는 날은 하루 30~40킬로미터씩 걸었다.

그렇게 해서 2022년 10월 16일 평화누리 마지막 코스를 완주하며 대장정을 마쳤다. 평화누리 8코스, 단 한 구간만 민간인 통제구역이어서 걷지 못했을 뿐이다. 제주 올레길을 포함해 정부가 공인한 대한민국 5대 둘레길을 모두 완주한 사람은 그가 처음이다.

다음은 국토 종주 트레킹과 관련해 김 회장과 나눈 일문일답이다.

혼자 걸었나요.

"혼자 걸을 때도 있었지만 직원들이 돌아가며 함께 걸을 때도 많았어요. 그때도 저는 멀찍이 떨어져서 걸어요. 직원들에게도 '떠들면서 걷지 마라. 걷는 건 혼자만의 시간으로 채워라'라고 말합니다. 묵묵히 혼자 사색하고 성찰하는 시간을 가지며 걸어야 합니다. 저는 걸으며 회사 생각도 하고, 사색도 해요. 걷다 보면 이런저런 생각이 머릿속에 떠오르기도 하는데 그게 다 도움이 돼요. 지금 회사의 난제는 어떻게 풀 건가, 이 문제는 어떻게 해결할 건가, 저 직원은 가족이 아픈데 어떻게 도와줄 수 있을까, 학교 공부는 어떻게 할 건가, 그런 생각이 이어지다 보면 가끔 나쁜 기억이 떠오를 때도 있어요. 그러면 나쁜 기억은 그냥 흘려보냅니다. 그게 굉장히 중요해요. 그렇게 걸으며 생각하다 보면 정신이 맑아져요."

맑아진다는 의미는 고민이 해소된다는 건가요.

"고민이 해소되는 인생은 없어요. 고민이 어떻게 말끔하게 해소될 수 있겠어요. 그렇다고 고민을 계속 생각하고 거기에 집착하다 보면 상처를 받게 됩니다. 해소되는 고민도 있지만, 그렇지

167

않은 고민은 그냥 보듬고 가는 거죠. 걸으면서 고민이 떠오르면 그냥 그렇구나 하고 넘어가는 거예요. 그러다 보면 그 고민이 몽글몽글해져서 마음에 상처를 주지 않게 되죠."

걷다가 난제가 해결되기도 하나요.

"그런 일이 많죠. 좋은 생각이 떠오르면 얼른 담당자에게 전화해요. 영감이라는 게 책상 앞에서 나오는 게 아니에요. 걷다가, 화장실 앉아 있다가 '아!' 하고 떠오를 때가 있어요. 그럴 땐 빨리 메모해야 잊어버리지 않아요. 제가 습관처럼 수첩과 펜을 몸에 지니고 다니는 이유이기도 하죠."

걸어보니 어떤가요.

"전국을 걸으며 느낀 게 우선 쓰레기가 너무 많아요. 그리고 대한민국 농어촌이 소멸하고 있다는 걸 피부로 느낍니다. 시골에 집이 100여 채 있으면 사람이 사는 곳은 30곳 남짓이에요. 그것도 대부분 할머니와 강아지만 사는 집이죠. 2대가 함께 사는 것은 고사하고 노부부 둘이 사는 집도 몇 집 안 돼요. 심각한 문제예요."

걸으면서 사업 구상도 하나요.

"보강토블록 등 새로운 사업도 제주 올레길을 걸으면서 떠올린 거예요. 사업 환경이라는 게 계속 바뀌니까 여기에 대응한 새로운 비즈니스를 구상하는 것도 걸으면서 이루어져요. 현재 추진 중인 새로운 사업 구상안도 여럿 있고요. 회사의 여러 분야에 걸친 도전과 시도 역시 걷기가 준 선물입니다."

─────── **2박 3일 트레킹이 주는 교훈**

그가 5대 둘레길을 걸을 때 직원들도 돌아가며 함께 걸었다. 직원들은 2박 3일 일정으로 참여했다. A조가 집에서 새벽에 출발해 오후에 걷는 일정에 합류해 걷고, 다음 날 걷고, 마지막 날 오전까지 걷고 오후에 집으로 돌아가면 그날 새벽에 집에서 출발한 B조가 오후에 걷는 일정에 합류해 걷고, 다음 날 걷고, 그다음 날 오전까지 걷고 돌아가는 식이었다. 의무적으로 참여해야 하는 것은 아니었지만 전 직원이 최소 두세 번은 그와 함께 걸었다. 아이케이 직원이라면 걷는 것은 자신 있기 때문이다.

독서와 평생학습처럼 걷기도 아이케이의 문화로 자리 잡았다. 직원들은 평소에도 점심시간이나 퇴근 후 회사에 마련된 체력단련장에서 운동하고, 주말이면 산과 들로 나가 걷는 것에 익숙하다. 창업 초창기부터 직원들과 걷는 행사를 꾸준히 진행하며 걷기 문화를 조성해 왔기 때문이다.

그렇지만 하루 걷는 것과 2박 3일 동안 걷는 것은 차원이 다르다. 첫날 10~20킬로미터를 걷고, 둘째 날은 무조건 20마일약 32km 이상 걷고, 마지막 날 다시 10~20킬로미터 정도 걸으면 발에는 물집이 잡히고, 다리는 파스로 도배되기 일쑤다. 심하면 발톱이 빠지기도 한다. 그래도 단 한 명의 낙오자 없이 모두 완주했다.

트레킹 일정에서 하루는 꼭 20마일을 걷는 것은 이것이 김 회장의 경영 정신과 맞닿아 있기 때문이다. 뒤에 다시 이야기하겠지만 최초로 남극을 정복한 아문센은 남극점에 도전할 때 아무리 어려운 상황이 닥치더라도 하루 20마일씩은 꼭 전진했다. 이를 통해 대원들은 스스로의 가능성과 잠재력을 일깨웠고 해낼수 있다는 자신감을 얻었다. 이런 도전 정신을 전 직원이 이어받고 가슴에 새긴다는 의미로 무조건 하루는 20마일을 걸었다.

직원들은 가슴이 뻥 뚫릴 것 같은 바다를 보며, 하늘 높게 뻗은 나무들 사이를 걸으며 자연의 아름다움을 눈에 담았고, 하염없이 걸으며 무념무상의 순간을 가졌으며 자신을 돌아보는 시간도 가졌다. 포기하고 싶을 때 다시 걷게 하는 동료들의 응원, 걷는 중간에 김 회장과 나눈 개인적인 고민과 삶에 관한 이야기는 트레킹에서 흘린 땀방울을 더욱 빛나게 해주었다. 직원들은 하나

같이 3일간의 걷기를 통해 잊지 못할 경험을 했다고 말한다.

"날씨가 좋았을 때도 있었지만 3일 내내 비가 왔던 때도 있고, 또 한번은 산길 코스여서 넘어지고 엎어지며 가기도 했어요. 그런 경험은 혼자 하라면 절대 못 할 일이지만 동료가 있어 끝까지 할 수 있었다고 생각해요."

"완주한 후에 수고했다며 동료들의 손을 잡을 때, 그 눈빛을 잊을 수가 없습니다. 처음 시작할 때와는 달랐어요."

"남파랑길 20번 코스에 있는 '세상에 만만한 것은 없다. 그러나 못 할 것도 없다'는 글귀를 보고 공감이 갔어요. 조원들과 함께 각오를 다졌죠. 이런 자세가 114정신이 아닐까요."

"본사와 지방 사업장 직원이 서로 교류할 수 있는 시간이 되어 참 좋았어요."

트레킹을 다녀온 후 직원들이 회사 게시판에 올린 소감이다. 이처럼 트레킹 완주는 직원 모두에게 기쁨과 뿌듯함 이상의 무언가를 남긴 듯하다.

"2박 3일 동안 걸으며 자신의 한계를 뛰어넘는 것도 의미가 있지만, 제 모습을 옆에서 지켜보는 것도 교육이 되지 않을까 싶어요. 2박 3일 걷는 것도 힘든데 회장은 매일 하루 30~40킬로미터를 최소 4박 5일, 길면 열흘씩 걸으니 자기들보다 훨씬 더 힘들게 아니겠어요. 그런데도 걸은 후에 회사 업무를 챙기고, 새벽에 일어나 학교 리포트를 쓰고, 책을 읽고, 글을 쓴단 말이에요. 직원들이 혀를 내두를 정도죠. 그런 저를 보며 '넘사벽넘을 수 없는 사차원의 벽'이라고 하는 직원도 있지만, '나도 저렇게 해야겠다'고 다짐하는 직원도 있어요. 그런 직원이 많아질수록 저의 도전은 선한 영향력을 주변에 남기니 저의 목표는 성공한 거죠."

사실 직원들과 함께 걷는 게 그로서는 혼자 걷는 것보다 귀찮을 수도 있는 일이었다. 직원들이 불편하지 않게 식사와 숙소도 미리미리 챙겨야 하고, 직원들 몸 상태도 챙겨야 하고, 자신의 속도보다는 직원들에게 어느 정도 맞춰 걸어야 하기 때문이다. 그래서 더 힘들기는 했지만 보람 있고 행복한 과정이었다고 그는 말한다.

"직원들은 저와 함께 걷고 토론하고 때론 길 위에 앉아 식사도 하며 서로를 이해하고 마음을 열어갔어요. 최고의 막걸리 맛은 땀 흘리며 걷고 나서 마시는 순간이라는 것도 알았고요. 지금까지 했던 어떤 교육과 행사보다 함께 종일 걸으며 이심전심으로 함께한 시간이 최고였다고 생각해요. 회사의 존재와 목표 그리고 각자의 역할에 따른 인간적 성장이 필요하다는 의식이 자연스레 생겨난 것도 최고의 성과죠. 힘들고 더 힘들어도 목표를 향해 걸어가는 것, 그 과정은 단순한 걷기가 아니라 삶의 진정한 자세를 스스로 깨닫는 시간이었을 겁니다. 또한 노력에 노력을 더

하면 평범함이 비범함으로 거듭나는 것, 나아가 그것이 도약의 단계였다는 것을 직원들도 훗날 알게 될 것이에요. 걷기가 주는 또 하나의 선물이죠."

그의 발을 보았다. 물집이 생겼다 터지고 다시 생겼다 터지기를 반복하면서 나무 옹이처럼 단단해진 굳은살이 여기저기 훈장처럼 새겨져 있다. 발톱도 멍들었다 빠지고 다시 나기를 반복하면서 뒤틀렸을 정도였다. 그는 자신의 발을 보며 시를 쓰기도 했다.

발에게

사진 속에
걷다 찍은 발의 모습을 본다
매일을 그리 많이 걸었으니
쇠라도 닳아날까
밤마다 쓰다듬으며 얼마나
미안해했는지
그래도 시간 지나니
그 흔적 갈 곳 없고
마음에는 보람의 추억만 남았구나

고맙다

수고했다

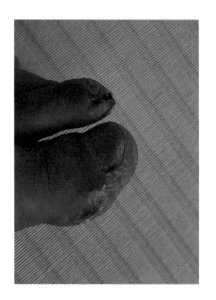

　그럼에도 걷는 걸 멈추지 않은 것은 기록을 세우겠다는 욕심
도, 건강하다는 자부심도, 이름을 내겠다는 공명심도 아니라고
말한다.

　"그저 걷기가 좋고, 조국 산천이 소중하며 만나는 사람들이 반
갑기에 걷는 거죠. 오직 두 발로 온몸으로 내 나라를 만나고 싶었

어요. 사람의 마음과 눈을 가장 즐겁고 행복하게 만들어주는 것은 자연이에요. 장엄하거나 아담한 산, 시원한 바다나 고요한 호수, 맑은 시냇물, 유장하게 흐르는 강줄기, 굽은 듯 끊어질 듯 이어지는 길과 푸른 나무들, 이런 자연을 대하면서 걷는 시간은 행복 그 자체죠."

그저 마음 내키는 대로 걷고 또 걸으며 나무를, 억새를, 하늘을, 바다를, 바닷새들의 살아가는 모습을 가슴에 담았다. 코로나 19 때문에 어느 길을 걷든 사람들이 가끔 눈에 띌 뿐 한적해서 오롯이 혼자 걸으며 생각하고 반성하는 성찰의 시간을 보낼 수 있어 좋았다.

《잃어버린 시간을 찾아서》의 작가 마르셀 프루스트가 말하지 않았던가. "참된 여행은 새로운 풍경을 찾는 게 아니라 새로운 눈을 갖는 것"이라고. 그는 직원들에게 보내는 편지에서 이렇게 말한다.

하루 40킬로미터를 걷는다는 게 보통 일이 아닙니다. 체력과 의지 그리고 준비가 어우러져야 가능한 일이지요. 하루 걷고 나면 발에 생긴 물집의 통증 때문에 힘들어하면서도 이튿날 기어코 완주하는 모습에서는 가슴이 뿌듯하였습니다. 그렇습니다. 우리가 걷는 길이 우리가 사는 인생길과 다름없습니다. 주저앉고, 포기하고 탈락하는 것이 인생이 아니라, 그러함에도 끝까지 목표를 향해 나아가는 그 한 걸음 한 걸음이 인생의 진정한 의미인 것이지요. 그런 사람이 자신의 꿈을 이룹니다.

걷기는 두 가지 큰 선물을 줍니다. 건강과 성찰이 바로 그것입니다. 종일 걷고 나면 힘들지만 해냈다는 뿌듯함이, 자신에 대한 자부심이 마음에 가득 차오릅니다. 이러한 것들이 쌓이고 쌓여 끝없이 도전하고 성취하는 삶을 만들어 갑니다. 건강은 그림자처럼 따라오는 당연한 보상이지요. 그리고 내면적으로 성찰의 시간과 기회를 걷는 동안에 얻게 됩니다. 사색과 성찰의 시간은 책상 앞에서나 침대에 누워, 아니면 의자에 앉아서가 아닌 걷기 과정에서 가장 효과가 크다고 합니다. 하염없이 걸으며 성찰과 사색의 시간을 가져보길 권유하는 이유입니다. 섭섭하고 가슴 아픈 일, 타인에게 받은 상처와 고통도 떠오르고, 내가 살아가는 삶의 방향과 태도에 대한 자아비판과 새로운 각오도 생겨납니다. 의식하지 않아도 걷노라면 자연스럽게 그리 됩니다. 그뿐이 아니라 꼬여 있는 현안이나 골치 아픈 문제에 대한 해결책도 번쩍하고 머리를 스치고 지나갑니다.

책읽기

자정 조금 지나 눈을 떴다
화장실 다녀오니 잠이 달아나
책상 앞으로 간다

무심코 펼친다
'배움의 발견'

그의 인생으로 들어간다
한 인생이 숙명 같은 심연에서 벗어나 솟구침이 눈물겹다
내 인생은 그에 비하면 차 몰고 가는 고속도로다

책을 열면 인생이 보인다
부족함이, 후회가, 바람이 파도치듯 밀려온다
혼자 깨어 바라보는 세상이 더욱 또렷해진다

죽으면 머리맡에
책 몇 권 넣어달래야지

- 김상문

발을 담그고

금강산 가는 길

더 못 가고 힘 빠져 돌아와 발을 담근다

북에서 밤새도록 내려와 두타연 頭陀淵에 다다른 물은

숨도 안 찬지 냉기가 얼음물이다

사람은 못 가고 물만 내려오는 이곳

같은 핏줄 면면한 역사 반만년인데

서로 겨눈 총부리는 오늘도 시퍼렇다

- 김상문

부안 扶安 땅

부안은 곳곳이 절경이다
곰소항 떠난 발길 변산반도 밟고 간다
햇살도 어깨에 내려와
봄기운에 힘도 난다

피고 지는 꽃길 따라 걸으면
부안 바닷길은 그저 천국 산책코스다

풍광이 너무 좋아 걸음 멈추고
의자에 앉아 사방을 둘러본다

'이놈의 세월 좀 쉬었다 가라
꽃구경도 하고
나하고 이야기도 해가며'

Part 4.

가난한 부자로 살지 않겠다

—————— **직원이 성장해야 회사가 발전한다**

아이케이에는 직원들이 해야 할 세 가지 과제가 있다. 한국어문회 주최 한자능력검정시험 3급 합격, 정해진 목표의 독서, 그리고 운동 체력지수 기준 통과다. 이외에도 한 달에 한두 번씩 부서별로 학습 미팅을 하고, 매월 한 차례 인문학 강의도 진행한다. 김 회장은 회의 시간 대부분도 학습과 운동의 권장과 격려로 채울 정도다.

처음엔 회사 업무와 직접적인 관계가 없는 이러한 일들이 우선순위로 설정되어 평가받는 것에 대해 당혹스러워하는 직원이 많았다. 주위에선 "직원들이 싫어하는데 굳이 왜 하냐. 그걸 다 챙기려면 당신도 힘들고 귀찮지 않으냐"라며 그만두라고 권유했지만, 그는 밀어붙였다. 반드시 해야만 하는 일, 옳은 일이라고 확신했기 때문이다.

"다 직원들을 위한 거니까요. 그 세 가지 중 직원에게 도움 되지 않는 일이 있나요? 운동과 독서를 통한 심신心身의 능력 향상은 자신의 목표와 꿈을 실행할 수 있는 원동력을 제공합니다. 심신의 계발이 뒷받침되지 않고서는 어떤 꿈도 이룰 수 없어요. 지혜롭고 건강해야 자신의 꿈을 이룰 수 있고, 그런 직원이 많아야 회사도 성장하고 발전하게 됩니다. 어려운 일을 스스로 맡아 해결하는 습관을 들이고, 이런 문화가 지속되어 정신적 육체적으

로 더 좋은 변화가 일어난다면 장기적으로는 회사로서도 이익이
죠. 당장은 한자 공부, 독서, 운동이 귀찮고 힘들지 모르지만 먼
훗날 이러한 단련 과정이 얼마나 좋은 기회였는지 알아줄 날이
올 것이라고 믿어요. 이미 그 결과가 확인되고 있고요."

그가 이렇게 하는 이유는 단지 직원을 가족처럼 생각해서만은
아니다. 회사를 단순히 먹고살기 위해 어쩔 수 없이 나오는 곳이
아닌 자신의 꿈을 실현하는 곳, 자신의 미래를 더 나은 환경으로
만들기 위해 안심하고 열심히 일하는 곳으로 만들고 싶기 때문
이다.

그런 이유로 김 회장은 자신의 회사 주식 일부를 출연해 사내
근로복지기금을 만들었다. 사내근로복지기금에 매년 지급되는
주식 배당금으로 직원 자녀들 학비를 지원하고, 직원 자녀에게
도서상품권을 나눠줘 일찍부터 독서 습관이 몸에 배도록 돕는
다. 직원들에게 매달 2권씩 지정 도서를 나눠주는 것 외에도 본
인이 별도로 구매해 읽은 책은 영수증을 첨부하면 도서지원비를
지급한다.

아이케이 직원 복지는 여타 중소기업과는 차원이 다르다. 우
선 입사 5년이 넘은 사원에게 심사를 통해 회사 주식을 나눠준
다. 승진하거나 큰 성과를 일궜을 때도 회사 주식을 나눠준다.
단, 한자 3급에 합격해야 우선순위 명단에 오를 수 있다. 이렇게

해서 회사 주식을 보유한 직원이 전체 직원의 3분의 2가 넘는다. 1년에 한 번씩 배당하는데, 2021년엔 액면가 500원 주식을 주당 1천 원씩 배당했다.

또한 전 직원을 대상으로 'IK 행복기금'이란 이름의 증권계좌를 만들어 운영하고 있다. 이 계좌는 정년퇴직할 때까지 돈을 인출할 수 없다. 회사에서는 근로계약에 따른 급여를 제외한 나머지 모든 격려금, 상여금을 이 계좌에 입금해 주고 있다. 회사 주식 배당금은 물론 회사창립일 기념 상여금, 연말 격려금 등 각종 상여금도 이 계좌에 입금된다. 2022년 초 시작했는데 벌써 수천만 원씩 적립된 직원도 많다. 그 돈으로 주식에 투자하든 채권에 투자하든 계좌 안에서 각자 알아서 운용한다. 그는 전 직원이 5년 안에 1억 원 넘게 모으는 게 1차 목표다. 《부자 아빠 가난한 아빠》의 저자 로버트 기요사키가 "돈이 나를 위해 일하게 하라"고 말한 것처럼, 일단 자산이 스스로 돈을 벌어주는 선순환의 구조를 만들어주면 직원들 노후에 큰 도움이 될 것으로 기대하고 있다.

"제주 올레길을 걸을 때 구상했어요. 국민연금, 퇴직연금만으로는 직원들이 노후에 생활하기가 빠듯할 텐데 어떻게 이들의 노후를 따뜻하게 해줄 수 있을까를 고민하다 떠올린 거죠. 보너스라는 게 현금으로 주면 어떻게 없어졌는지 모르게 사라져요.

똑같이 나눠줘도 그걸 잘 활용하는 사람이 있고, 그냥 낭비하는 사람이 있어요. 그래서 반강제로 정년퇴직할 때까지 저축하고 불리게 하면 노후에 도움이 되지 않을까 싶었죠. 이걸 만드니까 직원들이 너무 좋아하더라고요.”

　직원들 여행도 많이 보낸다. 조별로 여행 계획을 짜서 중국 인문학 여행을 다녀오기도 했고, 몇 년간 조별로 몽골로 워크숍을 가기도 했다. 장기근속자와 업무성과 우수자를 대상으로 하와이로 가족여행을 다녀오는 기회도 제공한다. 또한 부모님을 모시고 여행을 가면 경비를 회사가 부담해 준다. 제주도에는 직원들이 여행할 때 머물 수 있는 숙소 ‘협재학습원’도 만들었다.

　‘성찰 여행’이라는 아이케이만의 특별한 프로그램이 있다. 삶을 제대로 살아가기 위해서는 자신을 성찰하는 시간을 가져야 한다는 김 회장의 생각이 반영된 제도다. 5년 전부터 실시하고 있는데, 해마다 1, 2월에 전 직원이 각자 며칠 동안 성찰 여행을 떠난다. 코로나19로 인해 2년 동안 하지 못하다 코로나19가 잦아들면서 2022년부터 재개했다. 전에는 의무적으로 하도록 했지만 뭐든 의무적으로 하는 것은 안 된다는 생각에 지금은 희망자들로부터 계획서를 받아 심사를 거쳐 지원한다. 여행 경비로 필요 금액을 보조해 준다. 며칠 동안 혼자 성찰 여행하기에 부족하지

제주 협재학습원 전경.

않은 금액이다.

성찰 여행은 규칙이 있다. 첫째는 혼자 여행하기다. 자신을 성찰하려면 혼자 고요한 시간 속에 빠져야 하기 때문이다. 두 번째는 차를 가져가지 않고 버스나 기차 등 대중교통수단을 이용해 두 발로 걷는 여행을 하기다. 세 번째는 반드시 책을 한 권 이상 가지고 가서 읽어야 한다. 생각의 기회를 열어주는 책이 있을 때 더 깊은 성찰을 하게 되며 성찰하려는 사람에게 책은 좋은 길잡이가 되어주기 때문이다. 낮에는 걷고 밤에는 책을 읽는 시간이 모여 자기 성찰의 시간이 완성된다.

성찰 여행을 다녀온 직원은 후기를 회사 홈페이지 게시판에 올리거나 인문학교실 시간에 발표한다. 여행 과정을 되새기고 동료들에게 자신이 깨우친 것, 느낀 것을 함께 나누기 위함이다. 직원들은 "온전히 나에게 집중할 수 있어서 만족스러웠다"는 이야기를 가장 많이 한다. 책을 읽으며 삶의 방향을 점검하고 정리하는 소중한 시간이었기 때문이다.

"지금보다 한발 더 앞으로 나아가려면 정기적으로 자신을 리셋reset할 필요가 있어요. 세계적인 성공을 거둔 분들을 보면 의도적으로 일정하게 완전한 휴식과 재충전, 리셋의 시간을 가져요. 빌 게이츠도 일을 전혀 하지 않고 모든 연락을 차단하는 '생각 주간'을 갖는다고 하고요. 아인슈타인이 말했어요. '고요히 자기를 들여다보는 시간을 갖지 않으면 목표가 빗나간다'고."

───── 감당할 수 없는 목표를 세워라

다음은 직원 복지와 관련해 김 회장과 나눈 일문일답이다.

직원들 복지에 신경을 쓰는 특별한 이유가 있나요.

"연봉은 업계 평균에 맞추더라도 노후에 여유를 가지고 살 수
있는 길을 만들어주고, 끊임없이 책을 볼 수 있도록 하고, 운동
할 수 있도록 도와주는 것이 더 중요하다고 생각해요. 흔히 '직원
은 가족이다'라는 말을 하는데, 저는 그건 입에 발린 말이라고 생
각해요. 오너와 직원이 한 가족이 아닌 것은 확실하잖아요. 오히
려 제가 직원들 덕분에 좋은 차를 타고 다닐 수 있는 거고, 이만
큼 여유롭게 살 수 있는 것이라고 생각해요. 직원은 회사 덕분에
자신이 꿈을 이룰 수 있다는 희망을 갖고 살아갈 수 있는 것이고
요. 회사와 직원은 서로를 그런 개념으로 바라봐야 합니다."

그렇게 생각하는 오너가 많지는 않죠.

"'거울과 유리론'이라는 게 있어요. 궁극적으로 성공한 사람과
실패한 사람은 두 부류로 나뉜다는 거예요. 성공한 사람은 잘될

때는 창문 너머 저 사람 덕분에 내가 잘됐다고 생각하고, 실패했을 때는 거울을 보며 나 때문에 실패했다고 생각한다는 거죠. 반면 실패하는 사람은 그 반대로 생각하고요. 이 개념만 이해한다면 그냥 살아가는 삶이 아니라 성장하는 삶이 됩니다.

직원의 꿈이 커질수록 회사도 커집니다. 직원이 만족하고 성장해야 회사가 성장하는 거죠. 우리 회사가 매출 백억 원대에서 천억 원대로 늘어난 게 직원 숫자가 10배로 늘어서 된 것이 아니에요. 직원은 기껏해야 2~3배 늘었을 뿐이에요. 그만큼 직원들의 역량이 성장했다는 이야기죠. 근로자의 생산성을 높이려면 직원들에 대한 복지 지원을 비용이 아니라 자산으로 생각해야 합니다."

대부분 회사는 직원이 더 많은 실적을 내게 하려는 데 역량을 집중하는데요.

"저는 '너는 얼마큼 실적을 올려야 해' 하는 이야기를 거의 하지 않아요. 직원이 각자 목표를 정하고 그 목표를 달성하도록 격려하지, 절대 다그치지 않아요. 다그치면 업무에 스트레스를 받거든요. 사람은 하라고 해서 하는 존재가 아니에요. 본인 스스로 목표를 달성하겠다는 소명감이나 내면적인 의식의 힘이 강해야 그만큼 노력하게 됩니다. 그 힘을 길러주기 위해서 책을 많이 읽고 운동을 하라고 하는 거죠. 책을 읽으면 내가 어떻게 성장할 수 있는지를 배울 수 있고, 어떻게 하면 목표를 달성할 수 있는지 깨우칠 수 있어요. 이런 이야기를 사장이나 간부가 하면 직원들은 귀담아듣지 않아요. 스스로 깨달아야 하는 거죠. 저는 기본적으로 그걸 깨달을 수 있는 분위기를 만들어주는 거고, 직원 각자가 책을 통해 그 방법을 터득해 나가는 것이죠."

실적과 성과를 강조하지 않으면 자칫 시간만 보내다 월급 받아 가려는 직원이 많아질 수 있지 않을까요.

"그런 직원은 우리 회사에서는 못 버팁니다. 작년 성과를 기준으로 각자 올해의 목표치를 스스로 책정하도록 하고 있어요. 하향식으로 목표치를 정해주는 게 아니라 상향식으로 스스로 설정하는 거죠. 그런데 목표치를 자신이 감당할 수 없는 만큼 높게 잡아야 합니다. 쉽게 달성할 수 있는 건 목표가 아니에요. 스스로 본인의 한계 수치를 설정하고 거기에 도전하면서 자신의 한계를 늘리는 거죠. 이렇게 전 직원이 자신의 한계를 늘려갈 때 회사의 역량도 그만큼씩 커질 수 있는 거예요. 회사 매출이 처음에 백억 원이 되는 게 힘들지 백억이 되고 나면 2백억, 3백억 원이 되는 건 쉬워요. 그만큼 가속이 붙기 때문이죠. 제조업에서 매출 1천억 원대를 넘는 것은 경영에서 굉장히 중요합니다. 중견기업으로 성장했다는, 회사가 일정한 수준에 올라섰다는 이야기거든요."

목표를 의욕적으로 과도하게 설정한 직원이 열심히 일하고도 오히려 평가에서 손해를 볼 수도 있지 않을까요.

"회사는 노력에 대해 공정한 평가를 합니다. 작은 회사지만 개인별 성과지표 시스템을 만들어 운영하고 있어요. 결과가 아니라 과정, 여건, 작년 지표 등을 종합적으로 고려해서 평가하는 거죠. 평가를 철저하게 하는 만큼 보상도 철저하게 합니다. 똑같이 주는 게 오히려 차별이기 때문이죠. 열심히 일해서 좋은 성과를 낸 직원에게 더 많은 보상을 해주는 게 공정이에요. 예를 들어 A 부서의 성과가 좋아서 팀별 성과급으로 5천만 원이 나왔다고 했을 때, 그걸 팀원 10명이 500만 원씩 공평하게 나누는 건 공정이 아니에요. 그 안에서도 더 많은 성과를 낸 직원은 1200만 원, 가장 성과를 못 낸 직원은 300만 원을 주는 게 공정이죠. 이렇게 하니까 직원들이 열심히 할 수밖에 없어요."

감당할 수 없는 목표를 달성하기 위해서는 그만큼 열심히 뛰어야 하는데 책 읽어라, 운동해라 하면 직원들 부담이 가중되지 않을까요.

"오히려 그 반대예요. 감당할 수 없는 목표를 세우라는 것은 일의 보폭을 넓게 하라는 뜻이에요. 성공한 이들의 공통점은 거의 이룰 수 없을 정도의 목표를 세운다는 것이에요. 그런 연후에 이전과는 다른 방법으로 접근하고 생각하고 행동해야 그 목표를 달성할 수 있습니다. 제가 한자 특급 시험을 볼 때 그랬던 것처럼 과거를 답습해서는 더 높은 목표를 달성하는 게 불가능해요. 그런 방법은 아예 시도조차 하지 말아야 합니다. '다른 관점에서 바라보기'가 그래서 중요해요. 이때 꼭 필요한 것이 독서와 운동입니다. 실력이 있어야 성과를 낼 수 있기 때문이죠."

전 직원이 업무 일지를 쓰는 방식이 독특하더군요.

"저는 직원들에게 '2차 접대'를 절대 하지 말라고 합니다. 대신 문화 접대인 책이나 도서상품권을 선물로 활용하도록 하지요. 그러다 보니 우리 회사는 2차 접대를 하지 않는 회사로 소문이 나 있어요. 대신 저녁 9시에서 10시 사이에 그날의 성과와 내일의 목표, 기타 건의 사항을 적은 '성공계획 일지'를 제출하게 하고 있어요. 일부러 그 시간으로 잡은 건 늦은 술자리를 가지면 그 시간에 보낼 수 없기 때문이에요. 일찍 귀가해서 가족과 시간을 보내고, 잠시 짬을 내서 하루를 되돌아보고 내일의 계획을 세우는, 반성과 기획의 시간을 가지라는 의미죠.

팀원들이 제출한 성공계획 일지를 각 부서장이 취합해서 제게 보냅니다. 저는 그걸 통해 각 사업장이 어떻게 돌아가는지 분위기를 파악할 수 있어요. 직원들로서는 귀찮을 수 있지만 습관이 되면 인생을 성공으로 이끄는 동력이 됩니다. 그걸 못 버티고 나간 직원이 있었어요. 그런데 1년 후에 저를 찾아와서 여기서 익힌 성공계획 일지를 쓰는 습관 때문에 이직한 회사에서 인정받는 사원이 될 수 있었다며 고마워하더군요."

——— '책 읽기를 숨쉬기처럼' 제산평생학습재단

소크라테스는 "부자의 그릇은 그가 돈 쓰는 법을 보고 평가하라"고 했다. 김 회장은 과거 월간 시사지《신동아》기자였던 필자와 인터뷰하면서 "자식에게 전 재산을 물려주지는 않겠다"고 말했다. 그가 축적한 재산 규모와 상관없이 쉽지 않은 결정이었을 것이다. 처음 인터뷰한 때가 2014년이었으니, 이후에도 재산이 상당히 늘었을 게 분명했다. 더구나 재산의 상당 부분은 회사 주식이다. 회사 주식을 온전히 물려주지 않으면 자칫 자식 대에서 지분 부족으로 경영권을 상실할 수도 있다. 자신이 평생 일군 회사를 자식에게 물려주고 싶은 건 모든 창업주의 마음이다. 그런데도 그 마음이 변치 않았을까?

"제가 일찍부터 자식들에게 한 말이 있어요. 아버지는 너희에게 많은 재산을 물려주지는 않을 거라고요. 물론 살면서 생활하는 데 지장 없을 정도의 액수는 물려주겠죠. 그 나머지 재산은 학습재단, 장학사업 등 의미 있는 일에 사용하겠다고 선언했어요."

부자로 죽은 가난뱅이가 세상에는 많다. 아까워서 못 쓰고, 쓸 줄 몰라서 돈을 손에 움켜쥐고 있다가 죽은 불쌍한 사람들이다. 자신과 자신의 가족밖에 생각하지 못하는 부자가 많을수록 세상은 각박해지고 메말라진다. 경주 최부자 이야기를 들어본 적이 있을 것이다. 그들은 어려운 이웃에게 베풂으로써 오히려 자신의 재산을 지키고 불렸다.

"인생은 하수도와 같아서 거기서 무엇이 나오는지는 무엇을 넣었는지에 달려 있다"는 미국의 수학자이자 싱어송라이터 톰 레러의 말처럼 선행을 베풀고 덕행을 쌓는 일이 자식에게 남기는 유산이 되어야 한다고 그는 믿는다.

"벤저민 프랭클린의 책을 읽는데 이런 말이 있더라고요. '만약 재산이 당신 것이라면 어째서 저승으로 가져가지 못하는가'라고. '탁'하고 무릎을 쳤죠. 피터 드러커 교수와 잭 웰치 회장의 책을 읽으면서 재물을 모으는 것도 중요하지만 모은 재산을 어떻게 사용하느냐가 더 중요하다는 걸 깨달았어요. 가난한 부자로 살다 가지는 않겠다, 하늘이 내게 주신 재물을 도리에 맞게 사용하겠다고 결심한 데에는 어머니 아버지가 생전에 하신 말씀도 영향을 미쳤고요."

그는 직원 복지에서 한 걸음 더 나아가 자신의 재산을 활용해 어려운 사람들을 위한 적극적인 역할을 모색함으로써 더 나은 사회를 만드는 데 기여하고 있다. 2017년 공익재단법인 제산평생학습재단을 설립한 것이 그것이다. 자신이 보유한 주식의 상당수를 재단에 기증했다. 앞으로도 더 많은 주식과 사재를 재단에 기증할 계획이다.

"지켜보면 알겠지만 앞으로 ㈜아이케이의 가장 큰 대주주는 제산평생학습재단이 될 겁니다. 단, 재단은 경영에 관여할 수 없으며 주식 배당금으로 운영한다고 정관에 못을 박을 거예요. 제 아들이 회사를 이어받더라도 재단이 보유한 주식을 활용해 경영권을 유지하는 일은 없을 겁니다. 대신에 회사 주식의 상당수를 재단이 보유하고 있으니까 아들은 회사 지분의 15% 정도만 갖고 있어도 안정적인 경영권 행사가 가능하겠죠."

그가 재단에 출연한 주식의 가치는 현재 150억 원이 넘는다. 또한 충북 보은읍에 있는 20억 원 규모의 부동산도 재단에 기증했다. 머지않아 재단의 자산 규모가 500억 원을 넘어설 예정이다. 궁극적으로 1천억 원 규모의 재단으로 키우는 게 그의 목표다.

전국 벽지의 초등학교 졸업생에게 나눠준 국어사전과 독서대.

그는 제산평생학습재단의 역할을 순수하게 책을 사서 읽을 형편이 안 되는 사람에게 책을 읽을 수 있도록 지원하는 것으로 한정했다. 되도록 어려운 형편의 청소년을 중심으로 독서를 지원하고 점차 일반인까지 늘려갈 생각이다. 배고픈 이에게 물고기를 주거나 물고기를 잡는 낚싯대를 주는 게 아니라 스스로 물고기 잡는 법을 터득할 수 있게 해 영원히 배고픔을 면할 수 있도록 돕겠다는 것이다.

어휘력 향상을 위한 초등국어사전과 독서대를 전국 벽지의 초등학교 졸업생들에게 나눠주고 있다. 또한 초등학생과 중학생이 본받을 만한 인물을 선정해 그의 위인전을 전국 도서관과 시골 초등학교, 중학교에 보내는 일도 하고 있다. 학생들이 위인전을 통해 감동과 자극을 받아 큰 뜻을 품게 하기 위해서다. 이렇게 지출되는 지원금이 현재 연간 2억여 원에 달한다.

"제가 책을 읽으며 꿈을 키우고 성공의 길을 찾았듯이 제가 보낸 책을 읽은 아이들 중에서 성공적인 삶을 사는 아이가 나온다면 저는 더없이 행복할 거예요. 대한민국이 잘되려면 책 읽는 국민이 많아야 합니다. 책 읽기를 통해 더 큰 꿈을 꿀 수 있도록 돕는 일이 제가 할 일이라고 생각해요."

점차 종이책이 사라지고 전자책이 그 자리를 대신하고 있다. 특히 나이가 어릴수록 태블릿PC 등으로 전자책을 보는 게 익숙하다. 어릴 때부터 컴퓨터나 태블릿PC, 모바일 등으로 온라인 학습을 하는 게 습관이 되었기 때문이다. "시대 흐름에 발맞춰 종이책보다는 전자책과 교육용 태블릿PC를 보급하는 데 집중하는 게 더 낫지 않겠느냐"는 질문에 김 회장은 강하게 고개를 저었다.

"요즘 아이들이 전자책을 많이 읽는다는 걸 저도 잘 알죠. 그런데 전자책은 오래 보면 눈에 안 좋아요. 건강에도 좋지 않은 영향을 끼치고요. 무엇보다 전자책은 읽으면 머리에 남을지는 몰라도 마음에 남지 않아요. 반면 종이책을 읽으면 마음에 남죠. 만화책 같은 가벼운 책은 전자책으로 보는 것도 좋겠지만, 위인전 같은 좋은 책은 인쇄된 책으로, 마음으로 읽어야 해요. 저는 우리 재단이 종이책을 더 많이 읽을 수 있도록 하는 데 작은 역할이라도 하고 싶어요."

김 회장은 자신의 사업장이 들어서 있는 지역사회에도 기부를 아끼지 않는다. 사실, 회사가 성장하는 과정에서는 돈이 많이 들어간다. 더 성장하기 위해서는 시설과 연구개발에 투자를 집중해야 한다. 한 푼이 아쉬운 상황에서 지역사회에 기부하는 것은 소모적이라고 생각하기 쉽다. 쉬운 결정이 아니었을 것이다.

"저는 그렇게 생각하지 않아요. 기업이 속해 있는 지역에 관심을 가지는 것은 기업의 당연한 의무이자 자랑이라고 생각했어요. 피터 드러커나 잭 웰치의 책을 보면서 깨달은 게 그렇게 하는 게 멀리 보면 가장 훌륭한 투자라는 것이었죠. 기부를 지출의 개념으로 보면 안 돼요. 특히 우리 같은 환경 관련 기업은 지역 주민과의 관계가 무척 중요해요. 돈을 벌었으면 그 과실을 지역 주민과 나누는 게 당연하다는 걸 책을 통해 깨달은 거죠."

그가 운영하는 사업장은 법적으로 아무 문제가 없다고 하더라도 사업장이 없었을 때보다는 인근 주민들에게 불편을 줄 수밖에 없는 게 사실이다. 그래서 불편을 최소화하도록 지원하는 것은 물론 '우리 마을에 이 회사가 들어와서 살기가 더 좋아졌다'는 생각이 들도록 적극적으로 지원하고 투자했다.

2009년에 인천 서구 불로동에 3억 원을 들여 게이트볼장을 만들어 무상으로 기증했다. 충남 당진사업장도 인근 마을에 해마다 장학금을 지원하고, 마을 행사가 있으면 적극 후원한다. 청주사업장은 처음부터 채석 설비와 제품 야적장을 지하에 배치하는 등 채석 현장이 외부로부터 차폐遮蔽되도록 만들어 인근 주민들 피해를 최소화했다. 또한 마을 행사 때마다 후원하는 것은 물론 장학금, 마을발전기금 등을 꾸준히 지원하고 있다. 특히 청주사업장에서 700미터 정도 떨어진 곳에 있는 고등학교는 학습권이 침해받지 않도록 새로 우회 도로를 만들어 덤프트럭이 그쪽으로 다니게 하고 방음벽까지 설치했다. 아울러 학교의 낡은 교실도 리모델링해 주고, 학교에 필요한 부지를 매입해 제공하고, 매년 일정 금액의 학교발전기금을 기부하고 있으며, 학생들에게 필요한 여러 가지 지원을 하는 등 상생을 위한 지원을 아끼지 않고 있다.

───── **남다른 고향 사랑**

고향 충북 보은에 대한 김 회장의 사랑은 각별하다. 그는 1994년 재단법인 보은장학회에 참여한 것을 계기로 고향 후배들을 위한 경제적 지원을 아끼지 않았다. 2012년부터는 10년 가까이 보은장학회 이사장을 지내기도 했다.

최근에는 보은읍 삼산리 전통시장 인근에 20억 원을 들여 4층짜리 건물과 부지를 구입해 제산평생학습재단에 기증했다. 새로운 복합문화공간 '제산컬처센터'를 짓기 위해서다. 2025년 봄 완공을 목표로 하고 있다.

"건축비와 내부 설비에 100억 원 이상이 들어가요. 제대로 잘 짓고 싶어서 새문안교회와 국립한국문학관 등을 설계한 이은석 경희대 교수에게 설계를 맡겼죠. 완성되면 보은군의 랜드마크가 되지 않을까 싶어요. 이곳이 보은 청소년과 주민들이 꿈을 키워나가는 공간이 되었으면 하는 바람입니다."

제산컬처센터는 지상 4층, 지하 1층 건물로 책꽂이를 연상케 하는 독특한 디자인이 특징이다. 1층엔 카페가, 2~3층은 사무실이, 4층은 강연과 전시, 연주가 모두 가능한 다목적 문화공간과 야외북테크가 들어설 예정이다.

이은석 교수는 "음양의 조화, 지성과 감성의 공존 등 조화와 공존에 중점을 두고 디자인했다"며 "보은 주민들의 지적 휴식처이자 만남의 광장이 되기를 바라는 마음을 담아 설계했다"고 설명했다.

김 회장은 제산컬처센터가 완공되면 4층 다목적 문화공간에서 정기적으로 강연회도 열고, 특히 아이케이가 보유하고 있는 가치 있는 미술 작품들을 순환 전시해 보은 주민뿐 아니라 인근 도시에서도 찾아오는 문화공간이 되도록 하겠다는 계획이다.

대다수 지방 소읍이 그렇듯이 보은 역시 활력이 느껴지지 않는 침체된 지역이다. 한때 인구가 12만 명에 달할 정도로 제법 큰 고장이었지만 지금은 인구가 3만 3천 명 정도로 줄어든 데다, 노인층이 많고 젊은 세대는 적어 초고령화하고 있다. 앞으로 인구가 더 줄어들 것으로 예상돼 지방자치 소멸 대상 지역으로 이름이 올라 있을 정도다. 서둘러 대책을 세우지 않으면 머지않아 군청 간판이 사라질 지경이다. 보통 큰 문제가 아닐 수 없다.

"고향에 갈 때마다 느낀 게 전반적으로 활력이 떨어지고 전망도 어둡다는 것이었어요. 어린 시절 철모르고 뛰놀던 냇가는 이제 잡초만 우거지고, 시골로 갈수록 빈집만 점점 늘어나요. 시골 구석구석 사람 소리가 들리고, 인정이 넘쳐나던 어린 시절 보은은 이제 추억 속에서만 존재하니 안타깝고 속이 상하죠."

그는 종종 고향 사람들을 초청해 이곳저곳 견학시켜 주는 일을 하고 있다. 보은처럼 소멸해 가는 지역이었다가 변화를 통해 인구가 늘고 살기 좋은 마을로 탈바꿈한 곳들도 견학 대상에 포함

김 회장이 고향 충북 보은에 건설중인 제산컬처센터 조감도.

하고 있다. 이런 자극을 통해 보은이 변화하는 계기가 되길 바라는 마음에서다.

경영인의 외길을 걷던 그는 잠깐 외도를 했다. 2018년에 보은 군수 선거에 출마한 것. 출마 이유는 단 하나, 보은의 변화와 희망을 만들어보고 싶어서였다고 한다.

"보은군의 인구가 다시 늘어나려면 사람들이 와서 먹고살 게 있어야 해요. 그렇게 하는 데에는 두 가지 방법이 있어요. 첫째는 대기업 공장을 유치하는 것이죠. 그런데 그게 말처럼 쉽지 않아요. 대기업 공장이 들어서려면 단순히 대기업 회장 한 분을 설득한다고 되는 게 아니에요. 공장만 들어선다고 사람이 오나요? 사람들이 공장에 와서 일할 수 있는 여건, 즉 교육과 문화·의료 등 생활 복지 인프라를 구축해야 해요. 그걸 다 만들려면 많은 예산이 들어요. 대통령부터 관련 부처 장관, 도지사, 군수까지 혼연일체가 되어 추진해야 하는 거지, 군수 한 사람의 의욕만 가지고 되는 게 아니에요."

그가 생각한 두 번째 방법은 보은군을 귀농 귀촌의 천국으로 만드는 것이었다.

"귀농 귀촌을 꿈꾸던 도시인들이 귀농 귀촌을 포기하는 가장 큰 이유 가운데 하나가 냄새 때문이에요. 시골은 축사 오폐수로 인한 냄새가 큰 문제예요. 사람이 살기 힘들 정도죠. 축사 오폐

수 등 냄새를 유발하는 시설을 최소화하고 집단화해서 냄새가 안 나는 깨끗한 지역으로 만들면 망설이던 도시인들이 내려와 살 수 있다고 본 거죠."

그는 이 방법을 찾기 위해 네덜란드까지 가서 그곳 농축산업 현장을 직접 둘러보고 냄새가 안 나게 어떻게 관리하는지를 연구했다. 하지만 그의 연구는 실행에 옮겨보지도 못하고 사장되고 말았다.

당시 그는 군수 선거 출마를 위해 정당에 입당했지만 경선에 참여하지도 못하고 정치 기득권자들의 견제와 술수에 밀려 컷오프 탈락했다. 그는 이때 정치판을 왜 '아사리판'이라고 하는지 혹독하게 경험했다. 그는 "은혜를 원수로 갚는다는 말이 뭔지 그 일을 통해 절실하게 느꼈다"고 했다.

그는 주변의 간곡한 권유와 준비해 온 고향 발전 청사진이 아까워 무소속으로 출마했다. 열심히 뛰었지만 온갖 마타도어에 시달리다 결국 현직 군수에 밀려 2등으로 낙선했다.

"유권자들이 깨어 있어야 하는데, 그걸 기대하기가 쉽지 않아요. 정책 토론을 보고 판단해야 하는데 주위에서 악의적으로 떠드는 소리를 듣고 판단하니까 저처럼 조직 없이 뛰어든 사람은 어찌할 방법이 없더라고요."

김영민 서울대 교수가 쓴《공부란 무엇인가》에 이런 구절이 있다.

경쟁에서 어떻게든 살아남기 위해 패거리를 만들고, 위계
적인 갑질 관계를 일상화하고, 자칫 자신도 이 경쟁 속에서
죽임을 당할까 하는 두려움에 타인을 짓밟기를 서슴지 않
는다. 시민사회를 지탱하는 공적 가치를 믿지도 않고 내면
화해 본 적도 없기에, 논리보다는 기분에 좌우되고 자신의
목적을 달성하기 위해 로비와 강짜와 아첨에 의존한다. 목
소리 큰 사람이 이긴다는 신념하에 고성을 지르다가 가끔
보게 되는 타인의 전략만이 그 와중에 지쳐버린 자신의 마
음을 달래준다.

그가 겪은 정치판의 행태를 이처럼 적절하게 묘사한 게 또 있
을까. 그는 이 책을 읽으며 이 구절에 밑줄을 긋고 또 그었다.
　이 일을 통해 그는 "정치는 내가 할 게 아니라는 걸 단단히 느
꼈다"고 했다.
　"제가 순진했던 거죠. 선거는 순수한 마음, 열정만 갖고 하는
게 아니었어요. 준비를 잘해서 다시 도전할까도 생각해 봤는데
그 시간에 다른 일을 하는 게 더 낫겠다는 판단을 했어요. 선거
준비할 시간에 회사를 더 키우고, 그렇게 번 돈으로 고향 후배들

이 꿈을 키울 수 있는 책을 보내주고, 공부할 수 있게 장학금을 지원해 주고, 책 읽는 공간을 만들어주는 게 더 가치가 있겠다는 생각이 들었어요. 제산컬처센터가 완공되었을 때, 그걸 보고 '맨주먹으로 고향을 떠났던 사람이 성공해서 고향을 위해, 후배들을 위해 이런 건물을 지었구나' 하고 자극받는 젊은이가 생긴다면 그것도 보람이 있지 않겠어요."

정치 이야기가 나온 김에 그가 한 마디 더 덧붙였다.

"지금도 어머니 손을 잡고 초등학교에 입학할 때 모습이 선명해요. 당시엔 교실 바닥이 그냥 흙바닥이었어요. 교실 천장도 군데군데 구멍이 뚫려 있어서 하늘이 보였고요. 수업하다 비가 오면 빗물을 피해 이리저리 책상을 옮기곤 했죠. 우리 세대는 그렇게 공부했어요. 그렇게 시작해서 오늘날 이만큼 살 수 있게 된 거예요. 이런 발전이 앞으로도 이어져야 하는데 과연 그럴 수 있을까, 걱정이에요. 정치권의 포퓰리즘populism 정책이 우리의 미래를 갉아먹는 것이 아닌가 싶어서요."

그는 2022년 여름, 노르웨이를 다녀왔다. 노르웨이를 보면서 그는 베네수엘라를 떠올렸다. 노르웨이와 베네수엘라 두 나라 모두 대표적인 산유국이다. 그런데 노르웨이 국민은 잘살고 베네수엘라 국민은 그렇지 못하다.

"왜 그럴까요? 세계 최대 산유량을 자랑하던 베네수엘라는 차베스 정권이 '사람이 먼저다'라는 구호를 내세워 석유 판매 대금을 전 국민에게 나누어주는 포퓰리즘 정책을 폈어요. 그 결과가 지금의 베네수엘라 모습입니다. 반면 노르웨이는 북해北海, 서유럽과 북유럽 사이에 있는 바다에서 산출되는 석유와 가스 판매대금을 국민에게 현금으로 나눠주지 않고 꼭 필요한 복지 예산을 제외한 나머지 모두를 노르웨이 국부펀드NGPFG에 넣어 운용했어요. 단기적인 대중 영합 정책을 펴기보다는 국가의 장래를 생각해 철저히 준비하고 만약의 사태에 대비하는 국가 기금으로 장기적 운용을 한 거죠. 그렇게 해서 조성된 금액이 지금은 1조 3320억 달러2021년 1월 기준에 달해요. 국민 1인당 3억 5천만 원에 달하는 금액이죠. 우리는 노르웨이와 베네수엘라의 사례에서 배워야 합니다. 지금부터라도 대한민국의 미래를 준비했으면 좋겠어요."

───── **부모님이 물려주신 유산**

그의 고향 사랑에 대한 근원은 부모님이다. 그가 박사과정을 동아시아학, 그것도 유교 사상을 전공하기로 마음먹은 것도 나라에 대한 충忠도 있지만 결국은 채 다하지 못한 효孝에 대한 아쉬움이 아니었을까. 그는 "특히 나이가 들수록 다하지 못한 효에 대한 아쉬움이 남는다"고 말한다.

소크라테스는 "부모를 섬길 줄 모르는 사람과 벗하지 말라. 왜 냐면 그는 인간의 첫걸음을 벗어났기 때문이다"라고 단언했다. 1994년에 돌아가셨으니 어머니를 여읜 지 30년 가까이 흘렀건만 지금도 그는 '어머니'란 단어만 나와도 눈시울이 붉어지고 가슴 이 먹먹해져 말을 잇지 못한다. 어머니를 보은군 수한면 광촌의 양지바른 언덕에 안장하고, 그 밑에 모친재慕親齋, 부모님을 그리워하는 집를 지어 틈날 때마다 찾아뵙는 것도 어머니에 대한 그리움과 함께 생전에 효를 못다 한 것에 대한 죄송함 때문이다.

그는 2018년 펴낸《걸어서 갈 수는 없었는가》에서 어머니에 대 해 이렇게 회고했다.

> 이 세상 어머니들이 다 그렇지만 어머니의 아들에 대한 사 랑과 희생은 유별나셨다. 평생 고생만 하다 자식이 사업해 서 일어나려는 때 떠나셨으니 얼마나 안타까운지 모르겠 다. 돌아가시고 나서 남긴 통장을 보니 그동안 틈틈이 드린 용돈이 차곡차곡 쌓여 있었는데, 그 통장을 손에 들고 얼마 나 울었는지 모른다.
>
> 없는 집안에 시집와 온갖 고생을 하다 늦게 낳은 아들 하나 믿고 살다 가신 어머니. 평소 어머니는 가끔 푸념처럼 이렇

213

게 말씀하셨다. "내가 너를 낳지 않았으면 고생이 너무 심해서 이 집안에서 나갔을 거다." 그러나 당신의 마음도 알지 못하고 그렇게 소중하게 여기는 아들은 무던히도 속을 썩여드렸으니…. 일을 저지르고 걱정을 끼치면 나보다 더 걱정하며 안아주던 어머니의 따뜻한 품의 온기가 사무치게 그립다.

지금까지 무탈하게 살아온 것은 객지에서 이곳저곳 차 운전하며 출장 다니는 아들을 위해 매일 새벽 정화수 떠놓고 무사고 안녕을 빌던 어머니의 지극정성 덕분이었다고 생각한다. 그걸 세월 지나서야 뒤늦게 깨달았지만 고맙고 감사함을 전할 길 없으니 그 또한 한으로 남는다.

어머니는 젊어서 생계 때문에 고생하고 내가 결혼해서는 눈에 넣어도 아프지 않을 손주들 뒷바라지로 하루도 편할 날 없게 해드린 일은 불효로 남았다. 객지 생활을 처음 시작할 때 형편상 가족이 다 갈 수 없어서 큰아이 선미와 맏아들 민희를 어머니에게 맡기고 가야 했다. 그런데 민희가 워낙 개구쟁이라 할머니가 잠시도 편할 새 없이 일을 저지르고 다녔다. 내가 꾸중이라도 할라치면 "크는 아이들 다 그렇다"며 품 안에 품고 내놓지 않으니 도리가 없어 웃고만 적이 한두 번이 아니다. 민희도 이제는 슬하에 자식을

김 회장이 부모님 묘소를 자주 찾아뵙기 위해
고향에 지은 모친재 전경과 현판.

두었으니 할머니 은공을 알지 모르겠다.

어머니와 관련된 가슴 아픈 일화가 하나 있다. 생일이나 좋은 날 고급 중식당에서 가족이나 손님들과 식사할 때면 어머니 생각에 콧등이 시큰해지곤 한다. 어머니 생전에 음식 이야기를 나눌 때면 "아범아, 요리는 청요리가 참으로 맛있다" 하시며 예전에 한 번 먹어본 중국 음식을 떠올리시곤 하셨다. 그때는 형편상 사드리지 못했는데 지금 계시지 않으니 늘 죄송하고 아쉬운 마음만 가득할 따름이다.

어머니가 돌아가시고 나서 생전에 자주 다니시던 마로면 원정리에 있는 절에 들러보니 자식과 손주들을 위해 잘되기를 기원하며 지극한 정성으로 부처님께 올리던 흔적이 눈에 띄었다. 대들보며 부처님 앉으시는 방석 위에도 아들과 손주 이름이 올려 있는데 알고 보니 드린 용돈은 당신을 위해 한 푼도 허투루 쓰시지 않고 그리하신 것이다. 그 은공을 어찌 갚으리오.

군 생활을 마치고 나와서 생계를 위해 밤잠 못 자가며 아이들 공부 가르치며 애쓰는 모습이 애처로워 밤늦게 몇 차례씩 나와 보며 "잠을 자야 하는데 어쩌냐" 하며 애태우시던 어머니. 가끔씩 아들 머리에 흰머리가 보이면 "벌써 무슨 흰머리냐"며 그 흰 머리카락을 당신께 주고 당신의 검은 머리카락 가져가라며 자식 나이 들어감을 안타까워하시던 어머니.

돌아가시기 전 몇 개월을 병원에 입원해 계실 때 문병차 찾아온 이들이 아들 칭찬하며 '아들 잘 두었다'고 하자 이를 자랑스럽게 말씀하며 아픈 중에도 빙그레 웃으시던 어머니. 그 웃음 속에 감춰진 속 썩이던 아들의 불효에 가슴 졸이며 애태우던 예전 어머니를 생각하며 목이 메던 기억이 떠오른다. 어머니 세상 뜨신 후 수한면 광촌으로 모셔 안장하고 유택 바로 밑에 내가 잠들 터를 만들어놓고 죽어서라도 못다 한 효를 하겠다며 자식들에게 내가 죽으면 할머니 유택 바로 밑에 장지를 하라고 다짐해 두었다.

그 바로 아래 있는 밭 자락에는 서른 평짜리 작은 집을 지어 대학원 은사인 전광진 교수에게 청해 당호를 받았다. 慕親齋부모님을 그리워하는 집라 직접 써서 보내주셔서 자연스레 그 이름으로 정했다. 그곳에서 책도 보고 글도 쓰며 아는 이들과 함께 담소도 나누며 노후를 보낼 생각이다.

지금도 고향에서 오래전 아는 이들을 만나 예전 추억을 공유하노라면 금방이라도 저쪽 내가 살던 골목 어귀에서 "상문아" 하고 부르며 웃고 나타나실 것 같은 어머니.

봄이 오면 어머니 유택 주변에 온갖 꽃이 흐드러지게 만발한다. 생전에 그리 좋아하시던 꽃들이 피었건만 한번 가고 나면 다시 못 올 곳으로 떠나시어 두 번 다시 뵐 길 없으니 꽃이 무슨 소용 있으랴. 인생의 피할 수 없는 숙명 앞에 가슴이 미어질 뿐이다.

그러나 어머니 돌아가신 후 자랑스러운 아들이 되기 위해 열심히 살았다. 나도 언젠가는 죽을 것이고 그리 되면 어머니를 다시 만나게 될 것이다. 그때 어머니가 나를 안고 등을 두드리시며 "수고했다. 자랑스러운 아들아" 하고 칭찬해 주시길 소망한다.

다음은 어머니와 관련해 김 회장과 나눈 일문일답이다.

어머니가 하신 말씀 중에 가슴에 새긴 말이 있다면.

"어머니는 평생 어렵게 사시다 제가 사업을 시작해 막 돈을 벌기 시작하실 때 돌아가셨어요. 돈을 한 번도 써보지 못하고 돌아가신 거죠. 제가 형편이 나아졌을 때도 어머니가 항상 하시는 말씀이 '돈이라는 게 늘 벌리는 게 아니다. 있을 때 아껴라'였어요. 어머니 돌아가실 무렵에 제게 '이불 밑에 통장이 있다. 사업하는데 돈이 없으면 안 되니까 돈이 없으면 그거 갖다 써라'고 하시더라고요. 그래서 찾아봤더니 제가 드린 용돈을 안 쓰고 그대로 통장에 차곡차곡 모아두신 거예요. 그게 몇천만 원이 되었어요. 그걸 보고 얼마나 울었던지…. 부모의 마음이 그렇습니다. 자식은 자기가 잘나서 성공한 줄 알지, 부모 마음의 1만분의 일도 모른다니까요."

아버지는 어떤 분이셨나요.

"어릴 때 기억이 있어요. 하루는 아버지가 쌀을 사러 가셨어요. 그런데 오시다가 그걸 다른 사람에게 주고 오신 거예요. '누굴 만났는데 형편이 아주 딱해서 주고 말았다'고 하시니까, 어머니가 '우리가 당장 굶어 죽을 판인데 그게 무슨 말이냐'며 우시던 모습이 생각나요. 그런데도 아버지는 '그럼 어떡하냐. 우리보다 더 사정이 딱한데…. 당신이 이해하라'고 하셨죠. 아버지는 그런 분이셨어요. 아버지의 그런 베풂이 저를 만들었다고 생각해요. 아버님은 법 없이도 살 분이셨어요. 남과 다툼이 없으셨죠. 그냥 '허허' 하시며 사셨어요. 아버지가 자주 하시던 말씀이 '남에게 덕을 많이 베풀어라. 남을 도와야 너도 잘되는 법이다'였어요."

나눔 정신이 부모님에게 물려받은 유산이군요.

"감사하게도 부모님은 저에게 그 외에도 커다란 유산을 세 개나 물려주셨어요. 첫 번째는 한번 결심하면 중간에 포기하지 않고 끝까지 가는 집념입니다. 군대 시절 이후로 한번 결심한 것은 끝까지 이뤄내고야 마는 성격을 물려주셨어요. 또 하나는 책을 좋아하고 공부하는 걸 좋아하는 거예요. 마지막으로 건강한 신체를 물려주셨죠. 매일 하루에 40킬로미터씩 걷는 게 쉬운 게 아니에요. 웬만한 사람은 무릎 관절이 다 내려앉아요. 이렇게 중요한 걸 물려주셨는데, 살아 계실 땐 그 고마움을 모르고 나중에 돌아가신 후에야 깨달은 거죠. 그래서 늘 회한이 가슴에 가득해요. 제가 직원들에게 '살아 계실 때 효를 다하라'고 말하는 이유입니다."

마음 心

팔만대장경 깊은 말씀 다섯 글자로 줄이면

일체유심조 一切唯心造

한 글자로 줄이면

마음 心

해파랑길도 이젠 막바지

숙소 창 너머로 하늘, 구름, 산, 단풍

모두 들어와 한 식구 된다

물어본다
'걷고 성찰하며 무엇을 배웠느냐?'

'아직 멀었다'

바람이 들어와 이내 나간다

- 김상문

고작 열흘

봄빛 완연해 이놈저놈 꽃망울 터뜨리니 천지가 꽃밭이다
어찌 저리 고울까

마음껏 자랑해라
너희 일생이 고작 열흘이니
황금 같은 시간이다

인생 백 년이나 너희 열흘이나
허무하고 덧없기는 거기가 거기다

동네 골목 꺾어지는 집 마당 목련나무에서
색 바랜 꽃잎 하나
바람에 눈 날리듯 생각 없이 내려온다

- 김상문

올레길③

눈이 많이 온다
얼마나?
하늘이 회색 하늘

쌓인 눈이 등산화 목을 넘어 발등으로 들어온다
그래도 날씨는 견딜만하니 걸어야지
온 사방에 눈이 가득하다.

하염없이 눈 내리고
오만 가지 생각은 왔다 가기를 반복하는데
골목길 지나는 낯선 이 보고 텃세한답시고
강아지 몇 마리 따라오며 제법 짖어댄다

인적 없는 산길에는 모처럼 찾아온 추위에
나무들이 떨며 서 있고

붉게 핀 동백꽃에 쌓인 눈이 왠지 따뜻하다

걸을 수 있는 날들이 얼마나 남았나

칠십 고개 올라서니 시간이 금쪽이다

왔다 가는 것이 어찌 사람뿐이랴

온몸에 원 없이 눈 맞으며 그 부드러운 눈 밟고 걸어가던

열여섯 번째 올레길

지금도 가슴에 눈이 가득하다

- 김상문

Part 5.

성공 계단을 오르자

———— 성공으로 가는 계단

　　지금 대한민국 젊은이들은 스스로 불행하다고 생각한다. 김상문 회장도 젊은이들을 만날 때마다 그걸 피부로 느낀다. 그는 "같은 시대를 살아가는 기성세대로서 연민과 안타까움, 미안한 마음이 크다"고 말한다.

　　"비록 부족한 인생 선배이지만 제 경험에 비추어서 젊은 세대가 지금의 좌절을 딛고 성공적인 인생을 사는 데 도움이 될 수 있는 몇 가지 조언을 꼭 해주고 싶어요."

　　필자가 이 책을 쓴 이유이기도 하다.

　　세계 10대 경제부국, 선진국, 1인당 국민소득 3만 5천 달러 시대를 사는 지금의 젊은이들은 왜 자신이 불행하다고 여기는 걸까. 오히려 생활수준이 지금보다 훨씬 낮았던 1970~80년대의 청년들이 지금 청년들보다 더 행복했던 것은 왜일까.

　　그때는 우리 경제가 급성장하면서 성공할 기회가 무궁무진했지만, 지금은 경제성장 속도가 느려지면서 성공할 기회가 줄었기 때문이다. 경제가 가파르게 성장할 때는 같은 노력을 기울여도 더 많은 성공 기회를 얻을 수 있다. 당연히 의욕이 넘치고 도전이 두렵지 않다. 오늘보다 더 나은 내일을 기대할 수 있기 때문이다. 반면 경제성장이 침체 되면 같은 노력을 들여도 기회가 줄어들 수밖에 없다. 당연히 의욕도, 자신감도 꺾인다. 그러다 좌절하고 포기하고 절망한다.

김 회장은 청년들의 좌절 원인을 '결핍'에서 찾았다.

"있어야 할 것이 없어지거나 모자란 상황을 결핍이라고 말합니다. 최소한의 성공이 '결핍 해소'라고 했을 때, 이전 세대는 '있어야 할 것'의 기준이 낮았을 뿐 아니라 높아도 상관없었어요. 고성장 시대였기 때문에 자기도 그걸 성취할 기회가 있을 거라는 희망이 있었으니까요. 하지만 지금 청년들은 '있어야 할 것'의 기준이 높아진 상태에서 저성장으로 인해 이를 성취할 기회는 적어졌으니 희망이 없을 수밖에요. 당연히 결핍이 더 크게 느껴질 수밖에 없고, 좌절하고, 불행하다고 생각할 확률이 높아질 수밖에 없는 거죠."

좌절하고 절망하면 자신의 팔자를 탓하게 되고, 금수저·흙수저를 운운하게 된다. 태어날 때 부모의 직업, 경제력 등으로 자신의 수저가 결정된다는 수저계급론이 유행하게 된 이유다.

"흔히 훌륭하고 능력 있는 부모로 인해 넉넉한 환경에서 자란 사람을 금수저라 부르고, 그에 비해 가난한 부모로 인해 넉넉지 못한 환경에서 자란 사람을 흙수저라 부르는 걸 보면서 이런 생각이 들어요. '인생의 출발을 좋은 환경에서 시작했다고 해서 과연 그것이 그 사람의 성공을 보장할 수 있을까?' 금수저에게도 성공으로 가는 엘리베이터는 저절로 작동하지 않아요. 처음엔

작동하는 것처럼 보여도 스스로 노력하지 않으면 그 엘리베이터
는 언젠가 고장 나서 멈추거나 추락합니다. 흙수저에게 엘리베
이터는 없을지라도 성공으로 가는 계단은 항상 열려 있어요. 저
역시 성공으로 가는 계단을 한 걸음 한 걸음 올라간다는 의식을
갖고 끊임없이 학습하고 노력하는 과정이 없었다면 오늘의 저는
존재하지 않았을 겁니다."

우리는 지금 세습 신분에 의해 부와 성공이 정해지는 봉건사회
가 아닌 자본주의사회에 살고 있다. 자본주의는 인간의 창의성
과 노력을 통해 더 많은 선택권과 기회를 획득할 수 있는 사회다.

김 회장은 "세상을 '을'로 살지 말고 '갑'으로 살아가라"고 당부
한다.

"왜냐면 세상은 '갑'의 것이니까요. 인류가 지구상에 존재하는
한 이 법칙은 불변할 겁니다. 자본주의사회에서 '갑'으로 사는 유
일한 방법은 학력이나 부모의 재산이 아니라 오직 자신의 경쟁력
에 달려 있어요. 남에게 끌려가는 것이 아니라 스스로 자기 인생
의 주인이 되어 당당하게 살 수 있도록 자신을 만들어야 합니다."

───── **능력의 한계를 늘려라**

성공이란 무엇일까. 흔히 타인과 경쟁해 이긴 자에게

주어지는 것이라고 생각한다. 하지만 김 회장은 "생각을 조금만 바꿔보라"고 말한다.

"남과 경쟁해서 이기는 것도 성공이라고 할 수 있겠지만, 자신의 한계를 극복하면서 스스로 성장하는 것이 진정한 성공입니다. 남과 경쟁해서 이기는 성공은 아무래도 그걸 시기하고 방해하려는 사람이 있을 수밖에 없어요. 반면에 자기 자신과 경쟁하며 성장하는 것을 가로막으려는 사람은 없어요. 오히려 주변에서 더 도와주고 싶어 하죠. 자기 자신과 경쟁하며 이뤄내는 성장은 자신의 결심과 행동만 있으면 돼요. 그렇게 힘껏 성장하다 보면 자신이 목표한 꿈이 이뤄지죠. 저는 오히려 이게 진정한 성공이라고 생각합니다."

자기 자신과 경쟁하며 자기 능력의 한계를 끊임없이 높여가는 것. 이는 곧 자신의 경쟁력을 높이는 것이고, 성공 계단을 오르는 힘이 된다.

"자기 능력의 한계를 끊임없이 뛰어넘기 위한 노력이 중요합니다. 우리는 종종 '이건 내 능력의 한계 밖 일이야'라는 말을 하는데, 과연 그럴까요? 능력의 한계란 '어떤 일을 해낼 힘이 다다를 수 있는 범위'를 뜻합니다. 스포츠를 보면 종목마다 인간이 세운 최대 능력치를 수치화한 기록(신기록)이 있어요. 그런데 이 기록들은 영원불변하지 않아요. 오히려 깨어지기 위해 존재합니다. 인간이 지닌 능력의 한계가 '여기까지'라고 정해진 것이 아니기 때문이죠. 이는 운동뿐 아니라 사람이 살아가는 모든 분야에 적용됩니다. 즉 자신의 능력이 어디까지 뻗어나가느냐는 본인이 자신의 한계를 어디까지라고 규정하느냐에서 결정되는 것이죠. 인간의 능력은 스스로에 의해서 줄어들기도 하고 확장되기도 합니다."

2001년, 32세의 미국인 에릭 웨이언메이어가 세계 최고봉인 에베레스트_{해발 8845m} 정상에 올랐다. 그는 세계 7대륙 최고봉 등정에 도전 중이었고 매킨리_{북아메리카}, 아콩카과_{남아메리카}, 빈슨 매시프_{남극}, 킬리만자로_{아프리카}에 이어 다섯 번째 등정에 성공한 것이다. 에릭 이전에 이미 수많은 산악인이 에베레스트 정상에 올랐음에도 전 세계가 그의 성공에 주목한 데에는 이유가 있다. 바로 그가 시각장애인이기 때문이다. 시각장애를 딛고 이뤄낸 그의 도전과 성공은 우리에게 많은 것을 생각하게 한다.

"많은 사람이 에릭을 시각장애인이지만 특별한 능력이 있는, 자신과는 다른 존재라고 생각해요. 에릭은 에베레스트 등정이 결코 쉬운 일은 아니지만 그렇다고 불가능한 일도 아니라는 것을 보여주었음에도 사람들은 아예 엄두를 내지 않죠. 저 역시 몇 년 전 히말라야 트레킹에 나섰을 때 안나푸르나 베이스캠프에 올라 정상을 바라보며 '오르고 싶다'는 열망이 가슴에 가득 차올

랐어요. 하지만 그러기 위해서는 많은 준비와 시간이 소요되어 엄두를 내지 못했죠. 그게 지금도 아쉬움으로 남아 있어요. 이처럼 어렵고 힘들다고 생각하는 한계의 대부분은 자기 자신이 포기하는 데에서 비롯됩니다. 어떤 일을 하지 못하는 것은 그 일이 너무 어려워서가 아니라 어렵다는 생각이 자신을 지배해 그 일을 시도하지 않기 때문인 거죠."

그는 비록 안나푸르나 정상에 오르지는 못했지만, 환갑인 60세의 나이에 골프장 144홀을 완주했다. 6년 전 자신이 기록한 '126홀 완주'라는 한계를 넘어서는 도전에 나섰고, 그 결과 아무도 이룬 적 없는 새로운 기록을 달성한 것이다. 또한 고희인 70세의 나이에 제주 올레길과 한반도 4대 둘레길을 최초로 완주하는 기록도 세웠다. 에릭이 그랬듯이 김 회장도 사람들이 지레 포기하고 안 할 뿐이지 누구나 노력하면 할 수 있다는 것을 몸소 보여 주었다.

"사람은 어떤 목표가 있을 때 자신이 할 수 없다고 생각하는 사람과 할 수 있다고 생각하는 사람으로 나뉘어요. 그리고 결국은 자신이 생각한 대로 결과가 나오죠. 자신의 한계를 미리 정하고 거기서 멈추면 그의 인생은 거기까지예요. 능력의 한계를 매일매일 늘려가야 합니다. 그러다 보면 자신의 한계는 점점 확장돼요. 인간이 가진 자원 중에서 끊임없이 성장과 발전을 기대할 수 있는 것이 바로 능력의 한계를 늘려가는 것이거든요. 인간은 더는 피할 수 없을 때 놀라운 능력이 생깁니다. 그래서 자신을 벼랑 끝까지 내몬다는 각오로 능력을 더 키워나가는 습관을 갖는 것이 중요해요."

그는 "삶이란 자신의 인생에 어떤 일이 생기느냐에 따라 결정되는 것이 아니라 어떤 태도를 취하느냐에 따라 결정되고, 그에 따라 인생이 달라진다"고 말한다. 삶에 대한 태도가 모든 것을 좌우한다는 것이다.

"책 읽기와 운동도 마찬가지예요. 외부의 평가나 시선 때문에 마지못해서 하거나 시늉만 내는 것은 자신의 인생을 잘못된 방향으로 끌고 가는 태도입니다. 독서와 운동의 필요성과 중요성을 인식했다면 더 적극적으로 달려들어야 합니다. 현재 자신의 한계로 되어 있는 수치를 늘려나가 보세요. 6개월 동안 10권을 읽었다면 20권으로 늘려가고, 체력지수예를 들어 트레드밀에서 30분간 운동할 때 소비하는 칼로리가 300칼로리 근처에서 맴돌고 있다면 400칼로리를 넘어서게 해보세요. 물론 힘들죠. 좋은 책일수록 읽기가 까다롭고, 근력을 단련하는 단계가 상향될수록 힘들고 숨이 가빠올 수밖에 없어요. 이런 고비에서 우리는 성장할 수 있는 길 쪽으로 방향을 잡아야 합니다."

피트니스센터에 가면 트레이너가 가장 많이 하는 말이 "조금 더"와 "한 번 더"이다. 똑같은 무게나 횟수로는 어제와 같은 상태일 수밖에 없다. 트레이너의 "한 번 더"를 따르다 보면 자신도 모르게 어제보다 더 좋은 몸매와 건강한 몸으로 변신하게 된다.

무함마드 알리는 운동할 때, 예를 들어 팔굽혀펴기를 하면 몸이 할 수 있을 때까지 하고 더는 못할 것 같은 생각이 들 때부터 개수를 세기 시작했다고 한다. 그때부터가 근육이 더 만들어지는 시간이기 때문이다.

"책을 읽으며 어느새 생각이 명료해지고 '아~ 이렇구나' 하는 깨달음의 기쁨이 찾아올 때, 헉헉대면서도 '1분만 더' '1분만 더'를 외치며 자신에게 자극을 주고 격려하면서 목표치를 달성할 때, 이런 시간이 인생을 성공 궤도로 질주하게 만듭니다. 이런 과정이 없는 목표와 계획 그리고 시도는 모두 헛수고요 자기기만自己欺瞞일 뿐이지요. 능력의 한계를 늘려가세요. 시간 나면 하는 운동과 독서가 아니라, 시간 내서 하는 운동과 독서가 되어야 합니다. 목표를 달성하지 못한 이유와 변명이 아니라, 죽기 살기로 목표를 달성하려는 끈기와 노력이 필요합니다. 이런저런 구차한 변명을 대지 말고 일단 도전하는 겁니다."

하버드대 교수 쑤린이 쓴 《어떻게 인생을 살 것인가》에 이런 일화가 나온다.

미국 시애틀의 한 교회에서 목사님이 설교 후에 학생들에게 성경 마태복음 5장부터 7장까지 완벽하게 암송한 이에게 고급 레스토랑 무료 식사권을 주겠다고 약속했다. 마태복음 5장부터 7장은 내용이 무척 많아 전문을 외우기란 상당히 어려운 일이었다. 그래서 누구나 탐내는 선물이었지만 대부분의 학생이 외우기를 시도하다 포기하고 말았다. 그런데 며칠 후, 11세 아이가 자신 있게 목사님 앞에 서서 암송하기 시작했다. 아이는 한 자도 **빼놓지** 않고 완벽하게 암송했다. 목사님이 그 아이의 놀라운 기억력을 칭찬하며 "어떻게 그 많은 내용을 다 외웠니?" 하고 물었다. 그러자 아이가 대답했다. "죽기 살기로 외웠어요." 16년 후, 이 아이는 창업자가 되었다. 바로 마이크로소프트를 만든 빌 게이츠다.

빌 게이츠 말고도 마태복음 5장에서 7장까지 암송하는 데 도전한 아이가 많았을 것이다. 그들도 나름대로 열심히 했고 최선을 다했노라고 이야기할 것이다. 그러나 결과는 실패였다.

"우리가 살아가면서 실패한 후 자주 사용하는 '나는 최선을 다했다'라는 말은 다분히 자기 위로용이고 핑계일 뿐이에요. 최선의 기준을 안다면 그 말을 함부로 사용해서는 안 됩니다. 자신의 잠재된 능력을 모두 꺼내어 온 힘을 다해 애쓰는 단계가 될 때 사용하는 말이 '최선最善'이기 때문입니다. 최선의 기준에 맞추어 노력할 때도 이루지 못하는 목표는 사실 그렇게 많지가 않아요. 그러함에도 사람들은 최선을 입에 달고 살아갑니다. 반면, 빌 게이츠가 말한 '죽기 살기'는 최선의 단계인 전력투구에 가까워요. 전력투구하는 사람은 적극적이고 능동적인 태도로 일을 대하며, 어려운 일을 만나도 물러서지 않고 어떻게든 문제를 해결하기 위해 노력하는 법이죠."

그는 "지금까지 할 수 있는데도 할 수 없는 것으로 분류한 목표가 없었는지 스스로 돌아보라"고 충고했다.

"능력의 한계를 늘려나가면 할 수 있는데도 우리는 하지 못한다고 지레 포기하곤 합니다. 이러한 실패의 습관을 넘어서면 자신의 꿈과 인생이 열립니다. 빌 게이츠처럼 죽기 살기로 자신의 한계를 뛰어넘어 보세요."

——— 포기하지 않기 좌절하지 않기

앨런 피즈와 바바라 피즈의 《결국 해내는 사람들의 법칙》에 이런 이야기가 나온다.

무위로 끝난 노력, 금전적 손해, 승진 누락, 고통, 비판, 낮은 평가, 불행, 무시된 의견과 항의, 외로움….

거절당하는 것이 지는 것만은 아니다. 개선 방향과 개선점을 알려주는 결정적 요소다. 더 많은 칭찬과 행복, 돈, 승진, 성과를 얻으려면 무엇이 더 필요한지 금쪽같은 힌트를 준다. 또한 앞으로 피해야 할 것을 귀띔하는 부정적 피드백에 불과하다. 사실 실패 경험에서 오는 부정적 피드백은 매우 중요하기 때문에 오히려 반겨야 한다. 성공으로 가는 길을 지시하기 때문이다. 역사는 자신의 비전을 포기하지 않고 부정적 피드백을 진전의 발판으로 삼은 위인들의 사례로 가득하다.

일찌감치 포기하면 내 잠재력을 확인할 기회를 영영 놓치게 된다. 좋다고 생각하고 옳다고 믿는 생각이나 개념이 있다면 꾸준히 밀고 나가자. 서둘러 포기하지 말자. 목표를 향해 나아갈 때 내게 돌을 던지는 사람들이 있게 마련이다. 그 돌들로 벽을 쌓을지 다리를 놓을지는 각자의 선택이다.

바라는 것이 있다면 구하고, 구하고, 구하자. 사람들의 생각은 늘 변한다. 오늘 만난 사람도 다른 날은 다른 생각을 한다. 그 사람의 생각이 긍정적으로 변할 가능성은 얼마든지 있다. 추진하는 일이 있을 때 가만히 있지 말고 주위에 생각을 타진하자. 밑져야 본전이다. 부탁이나 해보자. 부탁은 지극히 간단한 일이면서 종종 엄청난 결과를 가져온다. 하지만 사람들이 가장 어려워하는 것이 운韻을 떼는 것이다.

부탁의 비결은 끈기다. 포기하지 말자. 내가 바라는 바를 계속 각인시키자. 다른 사람들을 귀찮게 괴롭히라는 뜻이 아니다. 의사결정자들이 내 제안을 긍정적으로 고려하고 검토할 기회를 계속 제공하라는 뜻이다. 통계적으로 봤을 때 상대의 대답이 'No'일 때가 'Yes'일 때보다 10대 1의 비율로 더 많다. 나쁘지 않은 확률이다. 열 번 찍어 안 넘어가는 사람 없다. 결국에는 원하는 대답을 얻을 수 있다는 뜻이다. 시간문제일 뿐이다. 이번 대답이 'No'인가? 'Yes'가 나올 때가 머지않았다.

김 회장의 인생 여정은 거절의 연속이었다. 어린이신문 영업할 때 학교 담당 교사와 교장들로부터 구독 거절을 당하는 게 일상이었으며, 첫 사업을 시작하기 위해 석산을 외상으로 빌려달라고 할 때는 113번이나 거절당했다. 하지만 그는 좌절하거나 포기하지 않고 또다시 찾아갔다. 그래서 결국 가는 지역마다 전국 최고의 어린이신문 구독 증가를 이뤄냈고, 114번째 찾아갔을 때

석산 계약을 따내고 사업을 시작할 수 있었다.

"승자는 한 번도 지지 않은 사람이 아니에요. 한 번도 포기하지 않은 사람이죠. 성공해 본 사람은 수없이 거절당해 본 사람입니다."

그는 미국 배우 짐 캐리를 예로 들었다.

"짐 캐리는 가난하게 자랐습니다. 어릴 때 집이 없어 온 가족이 밴에서 살기도 했고, 10대 초반에는 학교가 끝난 후에 건물 잡역부로 일했다고 해요. 하지만 그는 절망하거나 포기하지 않고 자신에게 빛나는 미래가 있을 것이라고 믿었습니다. 할리우드에서 배우 일을 시작할 당시 짐 캐리는 한 푼 없는 빈털터리였어요. 그런데 그는 자기 자신에게 1000만 달러짜리 수표를 쓰고 지급일자로 5년 후의 날짜를 적고는 수표 메모 칸에 이렇게 적었다고 합니다. '그대의 노력에 대한 사례금'이라고. 그는 이 수표를 지갑에 늘 넣고 다니며 매일 꺼내 보았다고 해요. 빛나는 미래라는 목표를 아주 극적이고 강력하게 시각화한 거죠. 그 결과 몇 년 후 할리우드에서 영화 한 편당 수천만 달러의 출연료를 받는 스타가 되었습니다."

결국 자신의 의지와 행동에 따라 인생이 달라진다.

"인생이 살기 힘들고 어렵다고들 말하는 사람들을 보면 인생을 힘들고 어렵게 사는 방향으로 스스로를 내몹니다. '포기하기' '자신에게 관대하기' '안 되는 이유 내세우기' '남 탓으로 둘러대고 자위하기'… 이런 식으로 살아가는 사람에게 인생이 쉽게 성공의 문을 열어줄 리 없어요. 그러니 인생살이가 힘들고 어려울 수밖에 없죠. 그와는 반대로 살아가는 사람에게는 인생이 그야말로 재미있고 즐겁고 행복합니다. 그들은 '목표를 세우고 달성하기' '자신에게 엄격하기' '내 탓으로 돌리고 성찰하기'를 지향하며 살아갑니다. 이 두 가지 삶의 방식에서 결정적 키워드는 오직 하나예요. 어떤 방향으로 살 것이냐가 모든 것을 좌우하는 거죠."

세상은 내가 생각하는 대로, 기대하는 대로 되지 않는다고 할지라도 절대 좌절하거나 포기하지 말라고 그는 충고한다.

"포기한 97퍼센트는 결코 포기하지 않은 3퍼센트의 지시를 받는 직원이 될 수밖에 없습니다. 경제가 어렵고, 취업이 어렵다고 하지만 그것은 모두가 겪는 환경이니 이를 핑계로 삼아봤자 해결이 안 됩니다. 내 인생은 내가 100퍼센트 책임진다는 각오와 의지로 밀고 나가는 사람 앞에는 장벽도 없어집니다. 비록 힘들더라도 바위를 뚫는 물의 끈기로 나아가야 합니다."

───── **실패와 난관을 두려워하지 마라**

누구에게나 삶은 한 번뿐이다. 리허설이나 리셋 버튼도

없다. 그야말로 매 순간이 실전이자 되돌릴 수 없는 현재진행형이다. 김 회장은 현재진행형의 삶에서 실패를 두려워해서는 안 된다고 강조한다.

"더는 도전하지 않을 때 비로소 실패하는 거예요. 도전하는 동안에는 실패가 아니라 난관에 부딪힌 것일 뿐이고, 이를 노력과 도전으로 이겨내는 게 성공이죠. 윈스턴 처칠이 말했어요. '비관론자는 모든 기회에서 어려움을 찾아내고, 낙관론자는 모든 어려움에서 기회를 찾아낸다'고. 성공이란 실패를 거듭하면서도 열정을 잃지 않는 능력이에요. 승자는 실패하지 않는 사람이 아니라, 결코 그만두지 않는 사람입니다."

그는 세계 최대 규모의 온라인 쇼핑몰 알리바바닷컴을 일군 마윈이 2015년 스위스 다보스에서 열린 세계경제포럼에서 이야기한 실패 경험 사례를 들려주었다.

"저는 정말 많이 실패했어요. 초등학교 시험에 두 번 낙제했고, 중학교 시험에도 세 번 낙제했습니다. 대학교 입학 때도 삼수를 했습니다. 이후 취업을 준비했는데 서른 번을 떨어졌습니다. 경찰에 지원했을 때도 거절당했고, 심지어 동네에 있는 KFC에서도 24명의 지원자 중 23명이 합격했는데 저만 떨어졌어요. 경찰 지원 때도 5명 중 4명이 합격했는데 유일하게 떨어진 사람이 바로 저였어요. 하버드대학교에는 열 번을 지원했는데 모두 거절당했어요. 그래서 저에게 거절당하는 것은 당연한 일이었어요.

우리는 실패에 익숙해져야 합니다. 우리는 그렇게 완벽한 존재가 아니에요. 지금 이 순간에도 수많은 사람이 거절당하고 있습니다. 저 역시 거절당할 때마다 아주 고통스러웠습니다. 하지만 불평하지 않았습니다. 당신이 일을 하다가 실수나 실패를 경험했을 때 항상 남 탓을 하고 불평만 하고 있다면 절대 성공하지 못할 것입니다. 하지만 스스로 다시 점검하고 다시 변화를 만드는 사람은 성공할 것입니다."

세계적인 경영혁신 전도사로 불리는 톰 피터스는 "인생은 온통 뒤죽박죽이고 엉망진창이다. 세상을 살아가려면 이런 엉망진창인 현실을 즐길 줄 알아야 한다. 특히 일이 잘 풀리지 않을 때라면 더욱 그러해야 한다. 끊임없는 변화를 기회로 볼 줄 알아야 한다. 변화란 항상 마음에 품고 있던 야심 찬 계획을 실행에 옮길 기회이기 때문이다"라고 했다.

"길이 막혔을 때 사람들은 절망하죠. 그런데 이런 말이 있어요. '절망에 빠졌을 때 하나님은 옆에 문을 열어놓는다'고. 길이 보이지 않는다고, 문이 열리지 않는다고 절망하기보다는 다른 방법을 찾아 나서야 해요."

김 회장은 전국을 다니며 어린이신문 영업을 하던 시절, 해가 바뀔 때마다 새로운 업무 수첩을 받으면 맨 앞에 다음과 같은 구절을 적어놓고 다녔다. "신은 그 인간이 감당할 만큼의 시련을 준다." (워너 메이커)

"인생이란 적당하게 대충 살아가는 것이 아니라 온 열정을 다해 부딪쳐가며 만들어가는 것입니다. 어디서 무슨 일을 하든 최선을 다해야 합니다. 더는 할 수 없을 만큼 죽기 살기로 해야 합니다. 어차피 삶은 불공평하고, 세상일은 절대 나를 위해 돌아가지 않는다는 사실을 인정하고 받아들여야 해요. 그런 연후에 이를 극복하기 위해 남다른 노력을 기울이면 됩니다. 세상은 제대로 살기가 만만치 않지만 내면적인 경쟁력을 가진 사람에게는 오히려 기회투성이거든요."

불공평한 세상을 기회의 세상으로 만들기 위해서는 올바른 습관을 가져야 한다고 그는 강조한다.

"군대 시절 책을 품고 나가 보초를 서며 책을 읽은 일, 흙먼지를 뒤집어쓰고 눈과 비를 맞아가면서도 목표를 이루기 위해 1년이 넘도록 누군가를 정성으로 찾아간 일, 지하철에서도 목욕탕에서도 한자를 익힌 일은 누가 시켜서가 아닌 저 자신과 한 약속을 지키기 위한 자발적 습관의 결과입니다. 저는 성공을 꿈꾸는 젊은이들에게 습관의 중요성을 이야기하고 싶어요. 좋은 습관의 으뜸은 책 읽기와 실천의 학습이며 끊임없는 운동입니다. 즉 책 읽기와 운동은 성공의 양쪽 날개예요. 힘들고 어려워도 이 두 가지 습관은 반드시 체화해야 합니다. 지나 보면 알아요. 젊은 시절의 노력과 책 읽기 습관은 자신이 꿈꾸는 인생의 목표를 현실로 만들어준다는 것을. 나이가 들수록 절절하게 느낄 겁니다. 선현들의 가르침과 지혜를 통해 자신을 쉽게 발전시킬 수 있으니까요. 그렇다고 공부와 지식이 곧바로 지혜로 승화되는 것은 아니에요. 반드시 배운 것을 실행하는 자세가 따라야 합니다. 젊어서 고생은 행운이지만, 나이 들어서 어려움은 잘못 살아온 자신의 업보일 뿐입니다."

──── **시간을 최대한 활용하라**

그는 올바른 습관과 함께 시간 활용의 중요성도 강조했다.

"사람에게는 누구나 하루 24시간이 주어지지만 어떻게 활용하느냐에 따라 더 늘어날 수도 있어요. 제가 그 산증인이죠."

그는 기업을 경영하면서 책도 읽고, 글도 쓰고, 공부도 한다. 그것도 그냥 하는 게 아니라 한 가지만 파고든 사람보다도 더 많은 성과를 일궜다. 그게 어떻게 가능했을까.

김 회장은 새벽 일찍 일어나 책을 읽는다. 집중이 가장 잘되는 시간이기 때문이다. 그리고 집은 서울이고 회사는 인천이어서 출퇴근하는 시간 동안 차 안에서 책을 봤다. 지금은 눈이 안 좋아 그만두었지만 얼마 전까지만 해도 책을 봤다. 또한 출·퇴근 러시아워를 피해 새벽 6시 30분에 출근하고, 퇴근은 일찍 하거나 아예 늦게 했다. 길 위에서 버리는 시간을 줄이기 위해서다.

"한 번에 두 가지를 동시에 하면 그만큼 시간을 늘릴 수 있어요. 예를 들면 집에 서서 책을 보는 독서대가 있는데 그 밑에 스테퍼를 놓았어요. 스테퍼를 밟으며 책을 보면 운동과 독서가 동시에 됩니다. 집중력이 떨어진다고 생각할 수 있는데 습관이 되면 가능해요. 뭘 외우거나 수학 문제를 푸는 게 아닌 가벼운 책을 읽는 건 충분히 가능하죠. 집중해서 읽어야 할 때는 스테퍼 밟는 걸 멈추고 집중해서 읽고 끝나면 다시 스테퍼를 밟으면 됩니다."

그는 매일 목욕하는 습관이 있다. 이때도 그냥 목욕만 하는 게 아니라 운동을 병행한다. 따뜻한 물에서 어깨 운동, 찬물에서 쪼그려뛰기, 다시 따뜻한 물에서 발차기, 찬물에서 푸시업을 순서대로 제대로 하다 보면 한 시간 정도 걸린다. 운동과 목욕을 따로 한다면 2시간 넘게 걸릴 것을 1시간으로 절약하는 셈이다.

"직원들에게도 실내 자전거 타며 책 읽기, 출퇴근 시간에 책을 보거나 강의 듣기, 근무 시간에 틈을 내서 독서와 운동하기, 거래처 방문할 때 짬이 나면 책을 보거나 빠른 걸음으로 운동하기를 권해요. 이런 건 조금만 신경 쓰면 얼마든지 가능하죠. 이렇게 하면 누구나 하루 24시간을 30시간으로 만들어 활용할 수 있어요."

미국의 마케팅 전문가인 데비 밀먼은 말했다. "소중한 일을 해야 할 시간이 없다면 반드시 그 일을 할 시간을 내야 한다. 시간은 쓰지 않는다고 해서 유예되거나 적립되지 않는다. 쓰이지 않는 시간은 소리 없이 사라질 뿐이다. 정말 눈코 뜰 새 없이 바쁘다 하더라도 지금 하지 않으면 안 되는 일들을 방해해서는 안 된다. 그러지 않으면 우리는 성공할 시간도 행복할 시간도 내 인생을 살아갈 시간도 내지 못한다"라고. 시간을 낭비하지 말고, 없는 시간은 만들어서 활용하는 게 성공의 계단을 오르는 원칙인 셈이다.

——— 114 정신, 학습, Find a better way

'114 정신' '학습' 'Find a better way'는 김 회장이 가장 중시하는 회사의 정신이자 문화다. 그는 "문화로 정착시킬 좋은 구호야 많겠지만, 저는 이 세 가지만 제대로 된다면 회사든 개인이든 앞날은 밝게 빛날 것이라고 확신한다"고 단언한다.

"앞에서도 말했지만 석산 계약을 위해 땅 주인을 114번 찾아간 끝에 계약에 성공한 '114 정신'은 포기하지 않음을 의미합니다. '안 하는 것'과 '못 하는 것'을 정확히 구분하고, 인간의 힘으로 불가능한 것은 어쩔 수 없다 하더라도 도전 과제를 지레 포기하지 않고 온갖 노력을 기울여 달성해 낼 때 인간의 위대성은 찬연히 빛나게 됩니다. '세상에 만만한 것은 없다. 그러나 못 할 것도 없다'는 자세가 저는 114 정신이라고 생각합니다."

또한 '학습'은 그가 일생을 통해 체득한 삶의 자세다.

"'학습'이 숨쉬기처럼 일상화되어야 합니다. 책을 가까이하고, 거기서 배운 지식을 활용해 실천하며 지혜로 체화시키는 선순환은 인간을 더 나은 단계로 이끌어가는 근본적인 경쟁력이 되기 때문이죠. 그렇게 해서 성공적인 인생을 살았다고 할 수 있는 산 증인이 바로 저이고요."

'Find a better way더 나은 방법 찾기'는 여기서 한 걸음 더 나아가 개인과 조직의 업무 수준과 경쟁력 그리고 발전을 높여주는 화두라 할 수 있다.

"'Find a better way'는 발명이나 발견과는 다른 차원이기에 마음만 먹는다면 누구나 할 수 있는 일입니다. 업무를 시작해서 끝날 때까지 계속 '더 나은 방법이 없을까?'를 스스로에게 물어야 합

니다. 이것이 반복되어 습관이 된다면 자신도 모르게 '매뉴얼 워커Manual Worker'에서 '창의적 인재'로 변신해 있을 것입니다. 이게 어디 업무뿐이겠습니까. 인생사 모든 일에 적용해야 할 마땅한 가르침이죠."

살면서 순풍 속의 항해만 계속될 수는 없다. 삶이나 업무나 모두 문제의 연속으로 이어진다. 문제가 없는 삶은 있을 수 없다. 중요한 것은 그 문제를 어떻게 받아들이느냐에 있다. 주저앉고 포기하느냐, 오히려 분발해 도약의 전환점으로 만드냐는 모두 자신의 선택에 달려 있다. 역경과 고난 그리고 암초를 헤쳐나가는 것이 성공으로 향하는 인생사다. 그런 힘든 과정 속의 부단한 노력이 목표를 달성하게 하는 힘이 된다. 아무리 힘들고 어려워도, 외부 환경이 요동쳐도 밀고 나가는 것이 중요하다. 이때 필요한 것이 '더 나은 방법'을 찾는 것이다.

"《주역周易》의 〈계사전繫辭傳〉에 '궁즉변 변즉통 통즉구窮卽變 變卽通 通卽久'라는 말이 나옵니다. '궁즉변'은 지금까지 사용한 방법이나 자세로 이 상황을 돌파하지 못할 때는 다른 정신과 자세로 변화하라는 뜻이에요. 여기서 '궁'은 '극極에 달한다'는 의미인데 '극'은 지금까지의 수단과 방법을 다 사용했다는 의미로 새기면 이해가 쉽습니다. '변즉통'은 그런 변화를 시도하면 막히고 힘든 일을 뚫고 통할 수 있다는 뜻이요, '통즉구'는 막힐 때는 변하고 변하면 난관을 통과하고 이런 일을 지속하면 오래도록 망하지 아니하고 발전하며 존속할 수 있다는 의미입니다. 우리가 세상사 살아가며 금과옥조로 새길 만한 가르침이죠."

그는 채석 사업을 하면서 석산이 바닥을 드러냈을 때 사업을 포기하지 않고 해결 방법을 궁리하다 지하 채석이라는 새로운 대안을 생각해 냈다. 또한 담당 공무원들이 '전례가 없다'는 이유로 허가를 내주지 않을 때에도 좌절하거나 포기하지 않고 합리적 근거를 마련해 담당 공무원들을 수도 없이 찾아가 설득한 끝에 지하 채석이라는 새로운 영역을 개척해냈다. 지하 채석 공간을 적지복구할 재료를 양질의 토양에서 순환 골재와 순환 토사로 바꾸는 일 역시 마찬가지였다.

한자 1급 시험에 합격한 후 특급 시험에 도전할 때도 거듭되는 실패에도 그는 포기하지 않고 새로운 공부 방법으로 한계를 넘어섰다.

"기업이든 사람이든 지속과 발전을 위해서는 관리와 혁신이라는 두 가지 요소가 필수적입니다. 관리란 좋지 못한 변화를 방지하는 것이고, 혁신은 더 좋은 변화를 창조하는 것이라고 할 수 있어요. 이러한 일련의 과정에서 끊임없는 동기부여와 더 나은 방법 찾기 같은 에너지를 만들어내는 것이 독서이고 행동입니다. 이런 과정이 문화가 되어 개개인의 습관이 회사의 경쟁력으로 자리 잡으면 개인의 성장은 말할 것도 없고, 회사는 어떠한 시대 상황과 변화가 오더라도 의연하게 나갈 수 있게 될 것입니다."

그는 아울러 자신의 업무 전문성을 높이기 위해 부단한 노력을 해야 한다고 충고했다.

"시키는 일만 하고 맡은 일만 해서는 이 변혁의 시대에 살아남기가 힘들어요. 또한 체력을 더욱 보강해야 합니다. 건강이 뒷받침되지 않으면 어떤 목표나 계획도 성사될 수 없으니까요."

인생의 성공, 원하는 것을 얻고, 되고 싶은 사람이 되는 것은 재능의 문제라기보다 계획과 실행의 문제라고 할 수 있다. 재능을 타고나도 빛을 발하지 못하는 사람이 있는가 하면, 불리한 조건에서도 별처럼 빛나는 사람도 있다.

"사람들이 성취하는 삶을 살지 못하는 것은 '무엇을' 보다 '어떻게'에만 몰두하기 때문이에요. 성공으로 가는 길에서 가장 결정적 단계는 '무엇을'을 결정하는 단계에 있습니다. 나는 무엇을 원하는 사람인지, 내가 원하는 것은 무엇인지부터 알아야 합니다. 목표를 정하면 방법이 사방에서 나타납니다. 그 방법들을 반영해 행동 계획을 세우고, 현실성 있는 데드라인을 잡으면 됩니다. 그리고 이를 위해 다르게 생각하고 행동하기, 특정한 목표를 세웠을 때 어떤 수단과 방법을 동원해서라도 이를 완수하기, 이렇게만 한다면 당신의 세상은 그야말로 꽃피는 봄날이 될 것입니다."

─────── **아문센의 20마일 정신**

아이케이 직원들이 각종 행사를 할 때마다 낭독하는 서약문이 있다. 어떤 한계 상황에도 포기하지 않고 매일 20마일약 32.19km을 걸으며 세계 최초로 남극점 탐험에 성공한 아문센의 정신을 이어받겠다는 '20마일 서약문'이다.

2020년에는 전 직원이 20마일을 걷는 행사를 하기도 했다. 새벽 5시에 모여 약 32킬로미터를 걷기란 쉽지 않은 도전이었지만 5시간 만에 단 한 명의 낙오자 없이 모두 완주했다. 이 행사는 임직원들에게 자신의 한계를 극복한 성취감, 완주의 희열감과 함께 스스로의 가능성과 잠재력을 일깨웠고 누구나 해낼 수 있다는 사실을 깨닫게 해주었다.

'20마일 정신'은 김 회장의 경영 정신과도 맞닿아 있다. 김 회장이 고희를 맞아 2년여 동안 직원들과 함께 2박 3일 일정으로 전국 5대 둘레길을 트레킹할 때 하루는 꼭 20마일 이상을 걸은 것도 이 때문이다.

1911년 세계 최초로 남극점을 정복하기 위해 영국과 노르웨이에서 각각 원정대가 출발했다. 영국은 스콧이, 노르웨이는 아문센이 조국의 명예를 걸고 탐험대를 이끌었다. 20세기 초의 노르웨이는 국력이 영국보다 훨씬 떨어진 변방 국가였다. 국력 차이만큼이나 준비 상황이나 규모에서 영국이 월등하게 앞섰다.

영국의 스콧은 엘리트 코스를 밟으며 해군 대령에 오른, 한마디로 '금수저' 출신이었다. 반면 아문센은 선원의 아들로 요즘으로 치면 '흙수저'였다. 당시 극지 탐험은 지금의 우주 탐사에 비견될 정도로 어렵고 힘든 도전이었다. 불확실투성이 대모험에

세계 최초로 남극점을 정복한 아문센과 대원들을 기리는 동상.
2022년 노르웨이 아문센기념관을 방문한 김 회장이 촬영했다.

금수저와 흙수저가 격돌한 것이다. 결과는 모든 면에서 열세였던 노르웨이의 승리로 끝났고, 영국은 원정대 전원이 사망하는 비극으로 끝났다.

전문가들은 스콧은 눈과 혹독한 추위를 겪어보지 않고 자란 반면, 아문센은 빙판과 설원에서 자랐고 썰매를 끄는 시베리안허스키와 뒹굴고 사냥하며 성장했기 때문이라는 둥 여러 이유를 들었지만 김 회장은 "가장 큰 이유는 정신 자세에 있었다"라고 말한다.

스콧은 그때그때 상황에 맞게 페이스를 조절하면서 남극점을 향해 나아갔고, 아문센은 무조건 하루에 20마일씩 전진했다. 언뜻 생각하기에 스콧의 전략이 현명하다고 볼 수도 있다. 그런데 왜 영국 원정대는 동상과 굶주림으로 모두 사망했을까. 그리고 무모하다 싶을 정도로 어떤 상황에서든 무조건 정해진 목표 20마일을 채우며 나간 노르웨이 원정대는 어떻게 목표를 달성하고 살아서 돌아올 수 있었을까.

"남극은 고속도로도 아니고 봄 날씨도 아니에요. 끝도 없는 빙하와 앞이 보이지 않을 정도로 휘몰아치는 눈보라가 연속되는 날씨 속에서는 앞으로 나아갈 수 없는 이유가 늘어만 갈 수밖에 없죠. 날씨가 좋아질 때까지 기다렸다가 한꺼번에 많이 가겠다는 전략이 제대로 통할 수 없는 곳이에요."

영국 원정대는 쉬는 날이 늘어났고 그럴수록 한정된 식량은 고갈될 수밖에 없었다. 반면 노르웨이 원정대는 눈보라가 치든 말든 빙판길을 매일 20마일씩 걸어간 후에야 짐을 풀고 쉬었다. 걸음 수로 치면 약 5만 5000보씩 하루도 빠짐없이 이동한 셈이다.

"날씨와 길의 상황이 어떠하든 간에 무조건 걷는다는 게 처음에는 노르웨이 원정대원들도 무척 힘들었을 겁니다. 그러나 매일매일 필사적인 각오로 걷다 보니 어느새가 '할 수 있다'는 의식이 원정대 전체를 지배했고, 마침내 인간의 한계를 넘어서는 도전을 성공으로 마무리할 수 있었던 겁니다."

노르웨이 원정대보다 34일이나 늦게 도착한 영국 원정대를 맞이한 건 아문센 일행이 남기고 간 노르웨이 국기와 승리의 메시지였다. 그걸 바라보는 영국 원정대의 실망감은 무척 컸을 것이다. 되돌아오는 길에 불어닥친 눈보라를 헤쳐나갈 용기도, 힘도 남아 있지 않았을 정도로.

"아문센의 흔적을 따라가 보고 싶어서 2022년에는 노르웨이를 갔어요. 그가 남극점 정복을 위해 타고 간 배에도 직접 들어가 봤죠. 제가 놀랐던 게 아문센의 침실이 일반 대원들 침실과 똑같아요. 똑같이 먹고 자고 한 거죠. 남극점까지 걸어갈 때도 아문센은 대원들과 똑같은 무게의 짐을 지고 똑같이 걸었어요. 리더가 그렇게 하는 게 쉽지 않아요. 리더가 그렇게 하니까 대원들도 존경하고 믿고 따랐던 거죠. 그게 리더십입니다. 그 리더십의 차이로 노르웨이 탐험대는 전원이 살아 돌아올 수 있었고, 영국 탐험대는 그렇지 못했다고 저는 생각해요.”

아문센은 최초의 남극점 도달로 국민적 영웅이 되었지만 탐험을 멈추지 않았다. 평생을 지구의 끝과 끝에서 보냈다. 아무도 북극을 탐험하지 않았을 때 누구보다 먼저 북극점에 도달하기를 꿈꿨던 그는 미국인 로버트 피어리가 최초로 정복했다는 소식을 들었을 때 좌절하지 않고 남극점을 먼저 정복하기로 마음을 먹고 도전에 나섰다. 그리고 수년이 흐른 뒤 피어리의 북극점 측정이 잘못되었다는 걸 알게 되자 다시 북극점 정복에 나서서 기어이 ‘북극점에 첫발을 내딛는 사람이 되겠다’는 자신의 꿈을 이뤘다.

“보통 사람 같았으면 ‘억울하다’고 생각하고 말았을 일을 그는 포기하지 않고 도전해서 해낸 거죠. 그는 조난당한 탐험대를 구하러 갔다가 최후를 맞이했어요. 아직도 시체를 찾지 못했다고 해요. 남극의 어느 얼음 밑에 있을 겁니다. 아문센이야말로 일평생을 포기하지 않고 도전한 진정한 탐험가라 할 수 있죠.”

아문센은 말한다. “필요한 준비를 등한시한 자에게는 실패가 기다리고 있다. 우리는 이것을 불행이라고 부른다. 승리는 모든 것을 제대로 갖춘 자를 찾아온다. 우리는 그것을 성공이라고 부른다”라고. 한계를 늘리고 극복하기 위해서는 그냥 노력해서 되는 게 아니라 제대로 준비하고 노력해야 한다는 것을 아문센은 우리에게 일깨워준다.

─────── 내 인생의 칭찬 세 마디

　　　　　김 회장은 지금까지 살아오면서 들은 수많은 이야기 중에 가장 가슴에 새기고 있는 세 가지 이야기가 있다고 했다.

"저에 대한 최고의 찬사이면서, 동시에 저를 가장 무겁게 채찍질하는 말이기도 하지요. 늘 가슴에 새기고 그 말에 부끄럽지 않게 살려고 노력합니다."

첫 번째는 그가 고향을 떠나 어린이신문 영업으로 새로운 인생을 출발하려고 경주로 내려가 집을 얻을 때 부족한 전세 자금을 빌려준 구 씨 어르신이 한 말이다.

"당시 경주에 거처를 마련하려는데 전세금 500만 원이 없었어요. 보은에서 알고 지내던 구 씨 어르신에게 조심스럽게 전화를 드렸죠. 어르신과는 5년 동안 계주와 계원으로 지냈을 뿐 별다른 인연이 있던 것도 아니었지만 제가 아는 사람 중에서 그 정도 여윳돈이 있을 만한 분이 그분밖에 없더라고요. 사정 이야기를 했더니 '알았네' 하시고는 바로 500만 원을 보내주셨어요. 당시 집 한 채 값이 1000만 원이던 시절이었으니 거금을 흔쾌히 내주신 것이죠. 몇 달 후에 찾아뵙고 감사 인사를 드리며 차용증을 드렸더니 정색하시며 '나는 여태껏 차용증을 받아야 할 사람에게 돈을 빌려준 적이 없어요. 신용 있는 사람에게 무슨 차용증이 필요한가요. 김 선생은 평소 신용이 있는 사람이니 차용증을 받을 필요가 없지요'라고 말씀하시더군요."

그는 목돈을 만들기 위해 매월 곗돈을 부으면서 한 번도 제날짜를 어긴 적이 없었다. 게다가 새벽부터 밤늦게까지 과외를 가르치면서 신문지국도 운영하고, 직접 아침에 신문 배달까지 하는 성실한 모습에서 구 씨 어르신에게 신뢰가 쌓인 모양이었다.

그는 적잖은 돈을 거래하면서 신용 하나만 믿고 건네준 구 씨 어르신의 "자네는 차용증이 필요 없는 사람"이라는 말을 들으며 마음속으로 '앞으로 나 자신이 보증수표가 되는, 신용 있는 사람으로 살겠다'고 다짐했다고 한다.

"그날 이후 지금까지 제가 사람들과 사회에서 신용을 지키며 살아온 것은 그분의 칭찬 덕이라 해도 지나치지 않을 겁니다."

세상살이에 신용은 중요한 덕목이다. 지금 그의 회사가 AA라는 높은 신용등급을 받는 것도 신용을 중시하는 그의 가치관에서 기인한 것이다.

"1998년, IMF 외환위기 때 그동안 관행처럼 거래되던 어음이 다 사라졌어요. 어음마다 부도가 나니까 아예 안 받은 거죠. 하지만 건설장비업체들이 밀집한 영등포에서는 우리 회사가 발행한 어음은 거래가 되었어요. 그만큼 신용 있고 내실 있는 회사로 인정받고 있었던 거죠. 업자들은 지금 어느 회사 상황이 어려운지, 괜찮은지를 손바닥 보듯 다 알거든요. 물론 우리 회사는 다른 회사 어음이 부도나서 수십억 원을 떼이기는 했지만."

두 번째는 그의 인생 멘토인 송석환 국장이 한 말이다.

사업을 결심하고 1년 2개월 동안 114번을 찾아간 끝에 석산의 사용권을 얻은 후 그는 신문사에 사직서를 제출했다. 하지만 직속 상사이던 송 국장이 적극 만류했다. 그가 사직서를 들고 찾아가 그동안 사정을 이야기하자 그제야 아쉬움의 한숨을 내쉬며 자신의 고집을 꺾었다. 그리고 시간을 내어 점심을 사주었다. 송 국장은 점심을 먹으며 그에게 이렇게 말했다.

"신문사로서는 무척 아쉽지만 할 수 없지. 근데 말이야. 자네가 지금까지 일하던 정신과 자세로 노력한다면 자네는 뭘 해도 될 거야."

김 회장은 사업을 하면서 힘들어 포기하고 싶을 때마다 "자네는 뭘 해도 될 거야"라는 송 국장의 진심 어린 한마디를 되새기면서 마음을 다잡고 용기를 냈다고 말한다.

"마음 깊이 존경해 오던 그분의 격려가 천군만마를 얻은 것처럼 든든했어요. 한 치 앞도 가늠할 수 없는 불투명한 내일의 험로

를 헤쳐나갈 제게 해주신 그 말씀은 힘들고 어려울 때마다, 주저
앉고 싶을 때마다 저를 일으켜 세운 천둥소리요 희망의 응원가
였죠."

마지막은 그가 사업을 할 수 있도록 결정적 역할을 해준 권회
상 이사가 한 말이다.

"그분은 매사 신중한 성격이었어요. 그래서 제가 '고마움은 평
생에 걸쳐 갚겠다'고 하자 '나는 그런 기대는 하지도 않는다'고 딱
잘라 말하던 분이었죠. 그런데 제가 꾸준히 찾아뵈며 약속을 지
키니까 나중에 돌아가실 즈음에 가족들에게 이런 유언을 남기셨
다고 유족들이 전하더군요. '내가 죽은 후에 집안의 중요한 일이
나 문제가 있으면 반드시 김 회장에게 상의하고, 그의 의견에 따
르라. 그는 틀림없는 사람이다'라고요."

김 회장의 성실함을 그이도 인정하고 신임한 것이다.

"자네는 뭘 해도 잘할 거야" "자네는 차용증이 필요 없는 사람
일세" "그는 틀림없는 사람"이라는 말을 들으며 사는 인생이라면
거기서 더 무슨 성공이 필요할까.

피터 드러커 교수와 잭 웰치 회장

앞에서 이야기했듯이 김 회장은 단지 자수성가해서 돈

을 많이 번 것에서 그치지 않고 돈을 올바르게 쓰는 법을 알고 있고, 아는 것에서 그치지 않고 실천하는 삶을 살고 있다.

그는 자기 역시 처음 사업을 시작할 때는 오직 돈을 버는 것이 목적이었다고 한다. 어린 시절 가난한 집안 형편에서 형성된 부자에 대한 동경심이 늘 마음 한쪽에 소원처럼 자리했기 때문이다. 공무원 시험 공부를 그만두고 과외에 매진한 것도, 과외가 금지된 후 11년간 몸담았던 신문사를 떠나 사업을 시작한 것도 가장 큰 이유는 돈을 벌기 위해서였다.

사업은 순조로웠다. 세상사가 모두 잘 풀리지는 않는 법이지만 그때그때의 난관이나 문제들을 잘 극복해 가며 성장했다. 그러나 시간이 갈수록 돈을 벌기 위해 사업한다는 처음의 목표가 부질없이 느껴졌다. 그러다 책을 통해 사업하는 목적을 새로 깨닫게 되었다.

"특히 피터 드러커 교수의 책을 읽으며 사업을 하는 이유에 대한 생각이 바뀌었어요. 바른길을 찾은 거죠. 돈벌이가 사업의 목적이어서는 안 되고 올바른 마음으로 올바르게 경영한 결과물이 이익, 즉 돈으로 연결되는 것이 진정한 경영의 자세라고 저를 일깨워준 거죠."

'기업의 이익이란 인간에게는 건강과 비슷하다. 그것이 없

으면 곤란하다. 많으면 이보다 더 좋은 것은 없다. 그러나
그것 때문에 살고 있는 것은 아니다.'

'우리가 필요한 것은 돈을 확보할 수단이지 확보할 수 있는
금액이 아니다.'

'경영에서 돈은 목적이 아니라 그림자가 돼야 한다.'

'내가 하고자 하는 비즈니스가 사회에 이익이 되어야 한
다.'

'돈이 목표가 되는 게 아니라 내가 하고 싶은 일을 열심히
해서 자연히 돈이 쌓이는 선순환이 되어야 한다.'

그가 피터 드러커 교수의 책에서 밑줄을 그어가며 가슴에 새긴
대표적 문장들이다.

그는 개인적으로 드러커 교수를 꼭 한 번 만나보고 싶었지만,
생전에 기회가 닿지 않아 아쉬웠다고 한다. 그래서 2012년 오스
트리아를 방문할 일이 있었는데 만사를 제쳐두고 빈에 있는 그
의 생가를 방문해서 추념의 인사를 했다.

"경영을 꿈꾸는 사람이라면 피터 드러커 교수의 책을 꼭 읽고
경영 지침서로 삼으라고 조언하고 싶어요. 특히 《경영의 실제》
는 사업을 꿈꾸고 있다면 반드시 읽어야 할 교과서죠."

피터 드러커 교수와 잭 웰치 전 GE 회장은 김 회장에게 경영의

2012년 오스트리아 피터 드러커 교수 생가를 방문한 김 회장.

스승이다. 드러커 교수는 현대 경영학의 아버지로 일컫는 사람이고, 웰치 회장은 20세기 가장 위대한 경영자로 평가받는 인물이다. 그는 드러커 교수는 이론과 철학으로, 웰치 회장은 본보기와 성과로 자신에게 기업 경영의 원칙과 철학, 그리고 방법을 가르쳐주었다고 말한다.

"두 분의 가르침이 저와 회사의 정신과 문화에 끼친 영향은 무척 커요. 경영관을 바로 세우고, 학습 조직을 지향하고, 장기적 비전을 마련한 것이 모두 이분들의 가르침을 통해서였죠. 제가 회사 경영하면서 만든 많은 제도가 두 분의 조언을 따라 한 거라고 할 수 있어요."

잭 웰치 회장은 대표적인 흙수저 출신이다. 가난한 집안에서 태어나 시골 공대를 나온 그는 45세에 세계 최고 기업인 GE의 CEO가 되었다. 당시 침체해 있던 회사를 전 세계 기업 경영 역사상 유례가 없는 변화와 혁신을 통해 활기찬 기업으로 변화시켰다. 그가 퇴임할 때까지 회사를 경영한 철학과 방법은 당시 세계 경영의 모범이요 모델이 되었다.

"오래전에 강연차 한국을 방문한 웰치 회장을 하얏트 호텔에서 잠깐 만난 적이 있어요. 형형한 눈빛과 온몸에서 나오는 카리스마가 좌중을 압도하더군요."

'변화당하기 전에 변화하라.'

'당신의 운명은 당신이 결정하라. 그러지 않으면 다른 사람들이 결정한다.'

'만일 당신이 제대로 된 사람을 선발하고 그들이 마음껏 일할 기회를 주고 결과에 대해 보상한다면 당신은 그들을 관리할 필요가 없다.'

'나의 주요 업무는 인재를 채용하고 교육하는 것이다.'

'사람들에게 자신감을 불어넣는 일은 내가 할 수 있는 가장 중요한 일이다.'

'작은 회사처럼 움직여라.'

'현장의 목소리에 귀 기울여라.'

'불필요한 업무를 제거하라.'

'배우고 익혀서 그것을 신속하게 실행에 옮기는 조직의 능력.'

그가 암송하는 웰치 회장의 경영 메시지다. 그중에서 가장 강하게 마음에 담고 있는 가르침은 '우리가 바라는 대로가 아닌, 있는 그대로의 현실을 직시하라'이다.

"있는 그대로의 현실을 직시하는 게 결코 쉬운 일이 아니에요. 인간은 누구나 자신이 원하는 방향으로 현실 상황을 인식하려는 본능이 있기 때문이죠. 유교 경전인 《대학》의 정심장正心章 편에 이런 구절이 있어요. 심부재언 시이불견 청이불문心不在焉 視而不見 聽而不聞, 마음에 있지 아니하면 보아도 보이지 않고, 들어도 들리지 않는다. 주관적인 생각을 갖고 비관적이거나 낙관적으로 보지 않고, 있는 그대로를 직시하면서 본질을 깨닫는 힘을 통찰력이라고 하죠. 기업을 경영하면서 통찰력이 얼마나 중요한 힘이고 능력인지 절감할 때가 한두 번이 아니에요. 국적이 다르고 사는 곳이 달라도 인간의 본질은 동일해요. 그런 점에서 웰치 회장은 커다란 가르침을 주었죠."

그는 웰치 회장의 "현장의 목소리에 귀를 기울이라"는 말도 늘 새기고 실천하려고 노력한다.

"웰치 회장이 CEO가 된 후에 백색가전에 많은 투자를 했어요. 멕시코에도 냉장고 공장을 만들었죠. 어느 날 웰치 회장이 전 사원에게 편지를 보냈어요. '생산성을 높일 수 있는 좋은 의견이 있으면 누구든 내게 이메일을 보내라. 채택되면 상금을 주겠다'고. 실제로 이 멕시코 공장에서 일하는 히스패닉계 여성의 제안이 일등으로 선정되었어요. 냉장고 조립 라인을 이렇게 저렇게 바꾸면 생산성이 훨씬 높아질 거라는 제안이었죠. 웰치 회장이 직접 멕시코 공장을 찾아가 전 직원을 모아놓고 시상했는데, 그 여성은 수상 소감에서 이렇게 말했어요. '나는 상을 받아서 기쁜 게 아니다. 나는 전에도 수없이 많은 관리자에게 이 이야기를 했다. 하지만 누구도 귀 기울여 듣지 않았다. 이 시스템은 전문가들이 모여서 만든 건데, 배운 것도 없는 네가 뭘 안다고 그러냐. 너는 그냥 네 자리에서 시키는 대로 일하라고만 했다. 그런데 회장님이 새로 와서 내 의견이 채택됐다. 나는 누군가 내 이야기를 들어주어서 행복하다'고. 웰치 회장은 관료주의에 빠지지 않고 현장에서 답을 찾은 거죠."

김 회장도 이를 응용해서 현장의 의견을 들어 적용한 사례가 많다고 한다. 그는 무엇보다 현장의 제안은 비서실을 거치지 않고 직접 챙기고, 좋은 의견을 낸 직원에게 시상을 한다.

이외에도 그가 직원 복지와 성과급 지급에 적극적인 것도 "직원을 주인으로 만들어라. 주인은 사업에 훨씬 더 열정을 느낀다" "직원에게 철저하게 보상하라"는 웰치 회장의 말을 경영에 접목한 사례라 할 수 있다.

"웰치 회장의 일생에서 가장 큰 영향을 끼친 사람은 어머니예요. 늘 아들에게 '넌 할 수 있어. 좀 더 높은 목표를 세워라'라고 말하며 잭 웰치가 포기하지 않고 끊임없이 성장해 가도록 자극을 주었죠. 저도 웰치 회장의 책을 읽으며 용기를 얻었고, 새로운 방법을 찾았고 포기하지 않고 앞으로 나아갔다고 생각해요."

───── 남의 성공을 도와주는 사람

김 회장은 이재규 전 대구대 총장이 쓴 《피터 드러커의 인생경영》에 나오는 에피소드를 들려주었다.

"너는 죽은 후에 어떤 사람으로 기억되고 싶으냐."

피터 드러커가 열세 살 되던 해, 그가 다니던 학교에서 필리 글러라는 신부가 종교 수업 시간에 학생들에게 던진 질문이었다. 아무도 대답을 하지 못하자 신부는 말했다.

"나는 너희들이 이 질문에 대답할 수 있을 거라고 생각하지 않았다. 그러나 너희들이 50세가 되었을 때도 내 질문에 대답할 수 없다면 그건 너희가 삶을 낭비했다는 뜻이란다."

"드러커는 이후 늘 그 질문을 생각했습니다. 이것은 타인의 눈으로 자신을 바라보고 자신을 발전하게 하는 질문이었기 때문이죠. 그리고 이 질문의 답을 찾기 위해 다양한 분야를 연구하고 많은 저술을 남겼으며, '남의 성공을 도와주는 사람'이라는 역할을 다하며 살았습니다.

'죽고 나서 어떤 사람으로 기억되기를 바라는가.' 이 화두처럼 인간의 존재 의미를 성찰하게 만드는 것은 없는 것 같습니다. 무릇 생명이 있는 만물은 소멸하는 것이 자연의 법칙이고 순리입니다. 그렇다면 가고 난 후 살아 있는 사람들에게 '나'라는 존재는 무엇이었는지를 생각하면 할수록 잘 살아야겠다는 다짐을 하게 됩니다. 잘 산다는 개념이야 모두 생각이 다르겠지만 제가 살아온 삶의 흔적이나 습관의 발자취가 다른 이에게 변화의 계기가 되었으면 하는 바람이 있습니다."

김 회장은 자신의 묘비명에 이렇게 새길 생각이다. '다른 이의 삶에 변화를 주려고 노력한 사람.'

"자신의 인생을 열심히 살다 갔으며, 그래서 세상이 조금이라도 달라졌고 주변 사람들의 인생이 달라졌다는 세상의 평가를 죽고 나서 받는, 진정 이런 삶을 살고 싶어요. 그러하기에 책 읽기와 운동의 중요성을 강조하고 저 자신이 솔선수범하고 있는 거고요."

늙지 않는 인생이 어디 있고 죽지 않는 생명이 어디 있으랴. 슬픈 건 늙어가는 것이 아니라 세상에 가치를 남기지 못함이 아쉬울 뿐이다. 삶은 유한하다. 그래서 잘 살아야 한다. 인생은 흘러가는 것이 아니라 채우고 비우는 과정이다. 그 안에 무엇이 채워지느냐는 자신이 살아온 결과이며 그리고 채운 것을 얼마나 남을 위해 비우느냐가 인생의 가치를 결정한다고 그는 믿는다.

그가 사업과 학습으로 바쁜 중에도 지금까지 여러 권의 책을 펴낸 것도 이 때문이다. 단 한 사람에게라도 자신의 책이 도움이 되고 더 나아가 그의 인생에서 전환점을 만들어준다면 그에겐 더없는 기쁨이고 보람이 되기에.

성공적인 사람들의 공통점은 '다른 사람들을 자극한다'는 것이다. 영감을 주고 꿈을 꾸게 하고, 그 꿈을 향해 달려나가게 만든다. 그리하여 자신만의 성공이 아니라 여럿의 성공을 만들어낸다.

빌 게이츠가 말했다. "가난하게 태어난 것은 내 잘못이 아니지만 가난하게 죽는 것은 내 잘못"이라고.

"사람이 태어나서 죽는 것은 필연적이죠. 한번 가면 다시 오지 않는 것이 청춘이요 세월이기에 남는 시간을 제대로 잘 보내야죠. 왜 사는가, 어떻게 살아갈 것인가, 죽은 뒤에 어떤 사람으로 평가받기를 원하는가, 이렇게 자신과 끊임없는 질문과 답변을 하다 보면 인생을 다른 경지로 올라서게 만들 겁니다."

이렇듯 '성공 인생'에서 한 걸음 더 나아가 '인생 성공'을 향해 걸어가는 그의 여정은 여전히 현재진행형이다. 그래서 그는 지금도 청춘이다.

에필로그

이 책을 쓰기 위해 김 회장이 펴낸 책들과 직원들에게 보낸 편지들을 살펴보았다. 그의 고향과 회사를 둘러보기도 했다. 그리고 그와 긴 시간 인터뷰했다. 인터뷰가 마무리될 즈음 그에게 물었다.

삶의 궤적을 돌아보니 어떤가요.

"예전에 부모님이 하시던 말씀이 떠오릅니다. '살아봐라 잠깐이다'라고 하신 말씀이 지금 돌아보니 더할 나위 없는 천고의 진리예요. 제가 살아온 기억은 순간이겠지만, 제가 품고 있는 뜻이나 바람은 제 자식이나 직원들을 통해서 영원히 이어졌으면 좋겠어요. 그럼 제가 살아 있는 거니까요. 사람은 두 번 죽어요. 한

번은 육신이 죽는 거고, 또 한 번은 나를 알고 있는 사람이 모두 죽어서 이 세상 누구도 나를 기억하지 못할 때죠. 제 뜻이 후대에 계속 이어지면 저는 죽은 게 아니지 않나 싶어요."

재단과 회사가 영속하는 한 당신의 뜻과 바람도 살아 있겠죠.

"그렇죠. 제산평생학습재단을 잘 키워서 더 많은 사람이 책을 읽고 이를 통해 더 큰 꿈을 꾸고 인생이 달라질 수 있도록 도와주는 게 제 최종 꿈인데, 그렇게 되는 건 아이케이가 얼마나 오래 존속하며 발전하느냐에 달려 있어요. 새로운 시대의 변화에 맞추어 어떤 업종에 진출하느냐의 결정은 후대 경영자들이 해야 할 과제이지만, 회사의 정신과 문화를 잊지 않는다면 어떠한 어려움이 닥쳐와도 회사는 계속 성장해 갈 겁니다. '114 정신'과 '학습 문화', 그리고 창사 30주년을 맞으면서 추가한 '더 나은 방법 찾기Find a Better Way'가 바로 제가 일관해 온 회사의 정신과 문화입니다. '114 정신'이 될 때까지 해보자는 의지와 도전의 발현이라면 '학습'은 끊임없는 독서와 실천으로 통찰력을 지닌 지혜 있는 사람으로 나아가는 것이며, '더 나은 방법 찾기'는 어떤 일이라도 개선할 여지는 있기에 초우량 기업으로 가기 위한 필수 단계라할 수 있습니다. 이러한 정신과 문화가 벽에 걸린 액자 속의 글자가 아닌 일상화된 습관으로 만들기 위한 노력을 지금까지 단 한 번도 포기하지 않고 지속해 온 것처럼 앞으로도 제가 살아 있는 한 계속 주문할 겁니다."

다음 계획은 무엇인가요.

"링컨과 아문센에 대한 책을 펴낼 생각이에요. 아문센 책은 다른 사람에게 집필을 맡기더라도, 링컨 책은 제가 직접 쓸 계획이에요. 지금 거의 정리가 되었어요. 내란으로 갈기갈기 찢어진 나라를 하나로 묶어낸 그의 통합 리더십, 겸손 리더십, 관용 리더십은 자라나는 청소년들이 꼭 알아야 하고, 배워야 할 덕목이라고 봅니다. 지금도 링컨에 관한 책이 많이 나와 있긴 하지만, 그래도 제 손으로 링컨이 왜 훌륭한지를 후배들에게 알리고 싶어요."

남은 버킷리스트가 있다면.

"우리나라 5대 둘레길을 걸었으니 스페인 산티아고 순롓길도 다녀오려고 해요. 총 800킬로미터 정도 된다고 하는데, 혼자 걷기보다는 마음 맞는 사람 7~8명과 함께 천천히 걷다 왔으면 좋겠어요. 하루 20마일씩 걷는 건 아니고, 하루 15~20킬로미터 정도씩 여유 있게 걸을 생각이에요. 그래서 일정도 3~4개월로 넉넉하게 잡으려고요."

김상문 회장은 얼굴에 항상 웃음을 머금은 서글서글한 인상이다. 하지만 눈매는 늘 다음 목표를 향해 있고, 머릿속엔 그 목표를 이루기 위한 로드맵이 그려져 있다. 가슴엔 목표를 이루겠다는 결연한 의지가 가득하다는 게 부드럽지만 정제된 말투에서 그대로 묻어난다. 부드러운 카리스마란 게 이런 거구나 싶다.

그의 삶을, 행동을 따라 하는 게 힘들 수 있다. 하지만 불가능한 것은 아니다. 그의 삶처럼 성공하는 인생을 사느냐 아니냐는 이 책을 읽는 각자의 선택이다. 그리고 그 결과에 대한 감내도 본인의 몫이다. 이 책을 읽었으니 당신은 성공의 첫발을 내디딘 것이다.

죄송합니다

가을 초입
여름보다 뜨거운 날 헉헉대며 올라온
원적산 元績山 정상에서 숨을 고를 때
계단 따라 사람 하나 용 쓰며 올라온다
그 모습을 보다 가슴이 내려앉는다

발 한 쪽 없는 몸으로 양팔과 한 발로
한 계단 한 계단 온몸이 땀에 젖은 채
올라오는 광경에 눈시울이 뜨거워진다

저렇게 치열하게 살아가는데
멀쩡한 나는 얼마나 열심히 살아왔는가
부끄러워지는 마음
죄송합니다
더 열심히 살겠습니다

- 김상문

기원 祈願

인제 땅 서화천瑞和川 맑은 물길 따라 걷는 13코스
길 따라 산 쪽으로
돌탑 몇 개 사이좋게 놓여 있다

무슨 맘으로 쌓았나
돌 하나에 소원
돌 하나에 사랑

그 마음 아는지 눈 덮여도 비바람 몰아쳐도
돌탑은 석가탑보다
의연하게 그 마음을 머리에 이고 앉아 있다

— 김상문

약속

스웨덴 말뫼 Malmö 해변
바다로 이어진 산책로 중간

연인들의 사랑 약속이
대추나무 연 걸리듯 잔뜩 매달려 바닷바람 맞는다

변치 말자고
잊지 말자고
영원히 사랑하자고
굳게 굳게 달아놓은 약속들
그 언약대로 잘 살고 있는가

파도는 변함없고
시간은 정해진 열차처럼 떠나가는데
아직도 그 약속은 여전한가

                                                    - 김상문

스웨덴 말뫼 해변 산책로에 바다를 향해 있는 소망을 비는 포토존.

Part 6.
성공 인생을 꿈꾸는 청춘에게
-김상문 회장의 편지

─── **독서는 선택이 아닌 생사의 문제**

　　사람들이 볼 때 중졸 출신으로, 맨주먹 쥐고 밑바닥에서 출발한 인생이 걸어온 제 발자취를 보고 대단하게 여길 수도 있겠습니다. 그러나 저는 제가 대단하다고 생각해 본 적이 한 번도 없습니다. 머리가 명석하지도 않고 뛰어난 재주가 있는 것도 아니니까요.

　자신 있게 말할 수 있는 게 한 가지 있다면 '책 읽기'를 습관화하여 생활 속에 늘 함께했다는 것입니다. 군에서 보초를 서며 저의 인생행로人生行路를 정하고, 책 읽기를 그 동반자로 삼아 지금까지 함께하고 있으니 어언 반세기를 넘어섰습니다.

　독서는 저의 꿈을 현실로 만들어주었습니다. 책을 읽고 그 가르침을 행동으로 옮기는 과정을 반복한다면 저뿐 아니라 그 누구라도 꿈을 현실로 만들 수 있습니다. 제가 인연을 맺은 이들에게 책 읽기를 권하고, 읽은 내용을 실천해 보기를 추천하는 이유입니다.

　책 읽기는 인생에서 가장 중요하고 소중한 습관입니다. 누구나 할 수 있고 언제나 할 수 있고 어디서든 할 수 있는데, 그리하는 사람은 많지 않습니다. 습관이 안 되어 못하는 것이지요. 시간이 나면 스마트폰이나 TV 쪽으로는 시선이 가도 책을 펴는 사람은 상대적으로 드뭅니다. 습관이 안 되어서 하지 못하고, 설령 하더라도 지속적으로 하지 못합니다. "시간 나면 책을 봐야지"라고 하지만 그런 사람에게는 책 읽는 시간이 생기질 않습니다.

주자朱子를 아세요? 지금부터 900여 년 전 사람인데, 그분이 일으킨 주자학은 오랜 세월 동양 사상과 철학의 중심축이 되었습니다. 그분이 후학들에게 책 읽기를 권하며 하신 말씀이 있습니다.

"사람답게 살려면 책을 가까이하라. 책을 읽는 것은 해도 되고 안 해도 되는 선택의 문제가 아니라 죽느냐 사느냐의 문제다."

우리와 동시대를 살아가는 인물 중에 여러분이 잘 아는 세계 최고의 부자인 빌 게이츠도 이런 충고를 했습니다.

"책 읽는 사람을 비웃지 마라. 언젠가는 그의 밑에서 일할 터이니."

이처럼 '책 읽기'에 대해 시공을 초월해 소위 본받을 만한 분들이 반드시 해야 한다고 충고합니다.

제가 우리 회사 직원들에게 책 읽기를 쉼 없이 당부하니까 "회사라는 곳이 내가 맡은 일만 잘하면 되지, 왜 바쁘고 힘든데 업무와 관계없는 책 읽기를 강요하는지 모르겠다"고 불만을 토로하는 직원도 있었습니다. 그런데 조금만 깊이 생각해 보면 왜 책을 읽어야 하는지 분명하게 이해됩니다.

우선 저부터 책 읽기의 습관으로 오늘에 이르렀습니다.

책 읽는 습관은 성공적인 인생을 만들어가는 데 자동차의 기름 같은 역할을 합니다. 책 읽기를 통해 지식과 깨달음과 영감과 반성이 축적되고, 그것이 행동으로 이어지며 지혜로운 사람으로 거듭나는 선순환이 되어야 각자가 소망하는 인생을 만들어갈 수 있는 것입니다. 내 인생은 내가 만들어가는 거지 누가 만들어주는 게 아닙니다.

일확천금의 행운으로 복권에 당첨된 이들의 종말을 보세요. 차근차근 자기 인생을 위해 준비하고 노력하는 이들을 당해낼 수는 없습니다. 부모에게 받은 억만금의 재산도, 좋은 학벌도, 좋은 직장도 자신의 미래를 책임지지는 못합니다. 그것은 그저 현재일 뿐입니다. 내일은 누구도 예측할 수 없습니다. 어떤 시련이 올지 어떻게 알겠습니까. 그러나 지혜로운 이들은 그런 난관과 역경을 의연하게 이겨내고, 오히려 그것을 역전의 기회로 삼습니다. 그야말로 멋진 인생이지요. 저는 여러분이 그렇게 되기를 소망합니다.

지나 보면 순간처럼 지나는 게 세월입니다. 지금 자신이 세웠던 목표를 평가해 보세요. 제대로 달성한 것이 없다면 그동안은 산 것이 아니라 죽어 있던 것입니다. 그리 되면 인생이 아주 힘들어집니다. 제가 좋아하는 말이 있습니다. "젊어서의 고난은 축복이지만 늙어서의 고난은 잘못 살아온 인생의 업보다." 이 말을 곰곰이 생각하고 다시 한번 불끈 일어서기를 바랍니다.

이 땅의 젊은이들이여
책 읽기를 숨쉬기처럼 하며
뜻을 세우고 밀고 나가세요.
세상은 그런 사람에게 성공의 문을 활짝 열어줍니다.

─── 목적이 있는 삶

누구나 어릴 때 자신의 미래에 대한 꿈을 꾸며 인생의
첫걸음을 시작합니다. 꿈이 없는 인생은 없습니다. 꿈은 희망이
고, 되고자 하는 인생이고, 이루려는 일입니다.

누구든 어린 시절의 꿈은 막연하지만 크고 위대했을 것입니
다. 하지만 커가면서 점차 작아집니다. 세상살이가 절대 쉽지 않
은 까닭이지요. 시간이 흐르고, 세상 풍파에 시달리다 보면 어린
시절의 꿈과는 거리가 먼, 생활에 찌들고 힘들어하는 자신과 마
주하게 됩니다. 삶의 무게는 세월이 흐를수록 어깨를 더욱 짓누
르고 그 상황은 꿈을 그저 꿈으로 만들어버립니다.

홍안紅顔의 청년이 백발의 노인이 되는 것은 그저 잠깐이지요.
세월이 흐르고 늙음이 찾아오면 사람들은 확연하게 구분됩니다.

지나간 세월을 아쉬워하고, 이뤄놓은 것 없이 대충 살아온 인생에 대한 후회와 절망감을 느끼는 사람이 대부분입니다. "인생은 잠깐"이라는 선인先人들 말이 천금처럼 느껴지고 돌아갈 수 없는 지난 세월의 덧없음에 가슴을 칩니다. 인생의 냉엄함이요 절대적 필연이지요.

그러나 살아갈수록 자신의 인생을 자랑스럽게 반추反芻하며 한 걸음 한 걸음 내딛는 사람도 있습니다. 인생을 제대로 잘 살아온 사람입니다. 이런 사람들에게는 늙음이 잘 살아온 인생의 자랑스러운 결과를 바라보는 행복한 과정일 수 있습니다.

어떻게 해야 늙어서도 보람을 느끼며 살아갈 수 있을까요. 저는 수많은 사람을 보며 교훈과 경각심을 얻습니다. 참으로 잘 살아가는 분들의 모습은 보기에도 좋습니다. '나도 저렇게 살아야지' 하는 분발심도 생깁니다.

역사적으로나 현실에서나 변하지 않는 진리들이 있습니다. 그중 하나가 뿌린 대로 거둔다는 것입니다. '인과응보'. 노년의 모습은 젊은 시절 내가 살아온 결과입니다. 지금 어떻게 살아가느냐가 내일의 내 모습을 결정합니다. 이를 부정하거나 모르는 사람은 없지만 실천하는 사람은 드뭅니다. 이것이 성공하는 사람이 적을 수밖에 없는 이유입니다.

목적은 자기가 이루려고 하는 일입니다. 살아가는 것이 삶이라면 우리는 살아가면서 늘 목적을 가지고, 그래서 그쪽을 향해 가도록 방향을 잡고 달려가야 합니다. 달릴 수 없다면 걸어서라도 가야 합니다.

목적이 늘 우리 삶의 나침반 역할을 하도록 해야 삶을 제대로 살아갈 수 있습니다. 하지만 목적 없이 사는 사람이 너무나 많습니다. 목적이 없으니 걸어도 늘 제자리걸음이거나, 아니면 엉뚱한 곳에서 헤맬 따름입니다. 목적이 있어도 시늉만 하고 끝나는 사람도 많고요. 그런 사람들은 그저 대충 살아갑니다.

목적을 정하고 삶을 늘 그쪽으로 향해 가도록 애쓰는 사람은 드뭅니다. 하지만 하늘은 그런 사람에게 꿈을 이루게 하고, 보람된 인생을 살게 해주고, 주변 사람들을 행복하게 합니다.

한 시간을, 하루를, 1년을 살아가며 늘 목적에 방향을 맞추고 걸어가세요. 선택은 여러분의 권한이고, 결과는 업보業報로 다가옵니다.

─── **하고 싶은 일과 해야 할 일의 간극**

세상을 살다 보면 우리는 본능적으로 '하고 싶은 일'과 의무적으로 '해야 할 일'의 사이에서 흔들리고 갈등하게 마련입니다. 의무감의 비중이 큰 '해야 할 일'보다는 '하고 싶은 일'에 대한 유혹이 훨씬 더 강하기 때문에 우리는 대부분 일시적인 본능의 충동에서 벗어나지 못하고 '하고 싶은 일' 쪽으로 몰입하거나 빠져듭니다.

'해야 할 일'은 힘들고 어렵고, 적잖은 노력과 시간을 요하기에 그쪽으로 습관화된 일상을 보내는 것은 어려운 일입니다. 일생을 통해 업적을 남기거나 성공의 반열에 오른 분들은 해야 할 일 쪽으로 더 많은 시간과 노력을 기울였음을 미루어 짐작할 수 있습니다.

그렇다면 성공하거나 뜻을 이루고자 하는 사람은 어떻게 해야 할까요. 하고 싶은 일을 하지 않거나 줄이는 것 말고 다른 방법은 없을까요? 가장 좋은 방법은 하고 싶은 일과 해야 할 일의 간극을 줄이거나 일치시키는 것입니다. 처음에는 어렵겠지만 끊임없는 노력으로 이런 자세를 습관화한다면 그 사람의 성공과 발전은 분명합니다.

생각해 보세요. 자기계발을 목표로 삼은 두 사람이 있다고 칩시다. 한 사람은 스스로 하고 싶은 일이라 여기며 하고, 다른 사람은 원하지 않지만 해야 할 일이니까 마지못해 한다면 두 사람의 결과는 불 보듯 뻔하지 않을까요. 해야 할 일을 하고, 하고 싶은 일로 만들어나가야 합니다.

가장 행복한 사람은 자기가 하고 싶은 일을 하며 그 일을 통해 즐거움을 느끼고 성취해 나가는 사람입니다. 여러분이 지금 다니는 직장이나 학교가 어쩔 수 없이 다니는 것이라면 본인이나 회사·학교 모두 얼마나 불행하고 안타까운 일이겠습니까.

저는 개인적으로 성취 욕구가 강합니다. 목표를 세우면 포기하지 않고 끊임없이 도전하고 노력해 왔습니다. 물론 도전하는 과정은 많은 스트레스와 인내를 요구합니다. 힘도 들고 가끔은 포기하고 싶은 생각이 절로 듭니다. 그러나 목표를 달성한 후에 느끼는 성취감을 누구보다도 잘 알기에 어려운 과정을 즐겁게 받아들이고 해내고야 말았습니다. 그리하여 이제는 습관이 되었습니다.

난관을 극복하고 나서 이룩한 성취감은 경험해 보지 않은 사람은 짐작할 수도 없는 기쁨이요 보람이었습니다. 그런 과정을 통해 나 나름대로 해야 할 일과 하고 싶은 일의 간극을 줄이거나 일치시키기 위해서 노력해 왔습니다.

생각해 보세요. 부모님께 효도하는 것, 책을 읽는 것, 목표를 달성하는 것 같은 아주 좋은 일을 '해야 할 일'이 아니라 '하고 싶은 일'로 승화시킬 수만 있다면 효자가 아닌 사람이 없고, 지혜롭지 못한 사람이 없고, 성공하지 못하는 사람이 없지 않을까요.

되도록 세상사 모든 일을 하고 싶은 일로 만들어 실행해 보세요. 인생이 더욱 재미있고 보람 있어지며 그러다 보면 꿈꾸는 성공도 이룰 것입니다. 어차피 자신의 인생은 자신의 것이고 자신이 만들어가는 것입니다. 차분하게 스스로 내면을 돌아보며 각오를 다지는 오늘이 되기를 바랍니다.

────── 생업과 학업의 일치

우리가 직장을 다니는 일을 흔히 생업生業에 종사한다고 말합니다. 사전에서는 생업의 뜻풀이를 '먹고살아가기 위한 직업'이라고 적어놓았습니다. 학업은 '학문學問을 닦는 일'이라고 적혀 있고요. 학문을 왜 '學文'이라고 하지 않고, 몰라서 묻는다는 물을 문問 자를 썼을까요. 그것은 '모르거나 새로운 것을 물어서 배운다'는 의미일 것입니다.

생업과 학업은 어떤 관계가 있을까요.

사람이 세상에 태어나서 갖는 생업은 얼마나 다양한가요. 종류도 많지만 받은 처우와 근무 환경의 다양함은 그야말로 극과 극입니다. 같은 시간 일해도 어떤 지위이고 업무냐에 따라 그 대우는 천차만별일 수밖에 없습니다.

더 나은 환경에서 더 좋은 처우를 받으며 일하고자 하는 것은 인간의 본능입니다. 이것이 자기 인생에서는 이루기 어렵다는 판단을 하면 자식이라도 좋은 직업을 갖게 하려고 좋은 대학에

Part 6. 성공 인생을 꿈꾸는 청춘에게

보내기 위해 힘든 고생도 마다하지 않죠.

그런데 좋은 대학만 나오면 성공이 보장되고 안락함이 따라올까요? 예전에는 그랬지만 지금은 그렇지 않습니다. 아무리 좋은 조건으로 출발해도 한곳에 정체하고 머뭇거리면 곧바로 추월당합니다. 이런 상황은 앞으로 점점 더 심해질 것이고 누구에게도 예외가 없습니다. 비록 세상에서 말하는 '금수저'를 물고 태어나서 뭇사람의 부러움을 받았더라도 밑바닥으로 추락하는 것은 하루아침입니다.

그렇다면 어찌해야 인간답게 존엄성을 누리며 살아갈 수 있을까요. 생업과 학업을 일치시키는 습관을 기르는 수밖에는 없습니다. 의무적으로 마지못해 일터로 나와서 예전에 하던 대로 대충 일하는 것이 아닌, 늘 배운다는 자세로 일관해야 가능한 일입니다.

우리 회사 직원이 "대학 나와서 지금껏 읽었던 책보다 입사해서 1년 동안 읽은 책이 훨씬 더 많다"는 말을 했습니다. 그렇습니다. 이런 자세가 학업을 통해 생업을 지속적으로 향상하는 비결입니다.

업무를 수행하며 막히거나 힘들 때, 적당한 이유를 대고 주저앉고 싶을 때 '이래서는 안 돼' 하고 다시 자세를 곧추세우고 해결 방법을 찾는 습관을 처음부터 갖고 태어나는 사람은 분명히 없습니다. 어려운 환경과 그것을 넘어서려는 의지가 어우러져 후천적으로 습관화되는 것입니다. 스스로 노력하는 수밖에 없습니다.

곤경에 처하고 목표가 흔들릴 때 해결 방법은 '통찰력'입니다. 통찰력은 선천적인 부분도 있지만 대부분 독서를 통한 지식과 지혜의 함양에서 얻어집니다. 자신을 돌아보세요. 아무리 생각해도 해결 방법이 떠오르지 않는다면 머리가 비어 있다는 증거입니다. 비어 있는 머리를 채울 방법은 끊임없는 학습뿐입니다.

그러면 어찌해야 학습이 될까요. 답은 하나입니다. 알렉산더에게 아리스토텔레스가 일러준 말. "학문에는 왕도가 없다." 죽기 살기로 하는 수밖에는 없습니다.

누구나 성공하고 잘되기를 바라고 노후에는 여유 있게 살기를 바랍니다. 그러나 그렇게 되기 위한 발걸음을 뚜벅뚜벅 걸어가는 사람은 드뭅니다. 방법을 모르는 사람은 없습니다. 실천하느냐 하지 않느냐의 차이일 뿐입니다.

제대로 한번 살아보기를 부탁합니다. 나이 들어 후회한들 무엇하겠어요. 이제부터라도 하늘이 부여해 준 잠재 능력을 갈고 닦아 성큼성큼 걸어갑시다.

───── 통찰력을 기르는 방법

　‘통찰’이라는 단어를 사전에서는 ‘예리한 관찰력으로 사물을 꿰뚫어 봄’이라고 풀이합니다.

　통 洞이라는 한자는 마을 ‘동’과 밝다·꿰뚫다 ‘통’의 두 가지 음과 뜻으로 사용되는 복합어입니다. 한자의 다양성과 재미가 여기에 있으며, 또 이런 부분이 한자를 어렵고 난해하게 다가오도록 만듭니다. 통찰력에서 사용하는 통은 ‘꿰뚫다’는 의미입니다.

　찰 察은 살핀다는 의미로 풀이하는데, 함께 자주 사용되는 ‘관찰’이라는 단어의 ‘관 觀’자와는 차이가 있습니다. 관은 ‘크게 본다’는 의미로, 찰은 ‘자세히 살핀다’는 의미로 이해하면 됩니다.

　사물 事物은 어떤 의미인가요. 사물은 일과 물건을 아우르는 단어인데, 여기서 말하고자 하는 내용상으로는 업무와 결과를 총칭하는 것으로 이해하면 되겠습니다.

　다시 주제로 돌아가 보겠습니다.

　통찰이라는 것은 인생을 살아가는 데 가장 중요한 무기 중 하나입니다. 어떤 일을 하든, 어떤 사람을 만나든 통찰력이 있는 사람은 껍데기를 보는 것이 아니라 그 속을 들여다봅니다. 왜냐면 진실은 꾸미는 겉에 있는 것이 아니라 속에 자리하고 있기 때문입니다. 속을 냉정하게 살피는 사람에게 거짓이나 가식은 드러나게 마련입니다.

예를 들어 우리가 자주 접하는 여러 수치, 특히 회계 수치나 달성률 같은 통계를 볼 때 단순히 적혀 있는 수치나 몇 퍼센트라는 달성률에만 머물러서는 안 됩니다. 정말로 중요한 건 겉의 숫자가 아니고 그 숫자가 우리에게 말해 주는 의미를 꿰뚫는 것입니다. 어떤 경우든 그 의미를 파악해 진실에 근접하는 능력을 갖춘다면 실패하거나 배신당할 확률이 확연하게 줄어듭니다.

세상은 그렇게 만만한 곳이 아닙니다. 행복하게 살아가려면 도처에 도사린 수많은 함정과 사기꾼과 일확천금의 올가미를 구별할 줄 알아야 합니다.

어떻게 해야 통찰력을 기르고 가질 수 있을까요. 많은 사람이 나이가 들어가면서 인생의 관록이 쌓이면 통찰력이 생긴다고 믿습니다. 경험처럼 확실한 것은 없으니까 일견 수긍이 갑니다. 그러나 나이 든다고 모두에게 통찰력이 생긴다면 노인들은 사기당하거나 실패하는 일이 없어야 하는데 세상이 그렇지 않다는 것은 여러분도 잘 알 것입니다. 전화 사기 피해자 대부분이 노인분들입니다. 그들은 경험에 의지해 '설마'라는 함정에 빠지고 맙니다. 상대방의 의도를 눈치채거나 알아챘다면 빠지지 않을 함정입니다.

인간은 누구나 불행은 자신을 비켜갈 것이라는 근거 없는 믿음을 가지고 살아갑니다. 그러나 불행은 누구에게나 예고 없이 찾아옵니다. 이 엄정한 하늘의 법칙에 예외인 사람은 없습니다. 주변을 둘러보세요. 오랫동안 별 탈 없이 잘 살아가는 사람이나 집안은 통찰력이 있습니다. 그들은 어떤 사물이나 사안에도 그 안에 있는 진실을 살펴보고 결정합니다. 이런 힘이 세상을 잘 살아갈 수 있도록 하는 삶의 경쟁력입니다.

저는 어떤 제안을 받을 때나 회사의 경영 수치를 볼 때 그 사람의 내면이나 숫자가 주는 의미를 살펴봅니다. 그러면 겉모습과는 다른 내면의 진실이 보입니다. 아직은 멀었지만, 그래도 이 정도 통찰력을 가진 것은 오롯이 책 읽기 덕분입니다. 오랜 기간 습관이 가져온 놀라운 결과이며 살아오면서 가장 자랑스럽게 생각하는 부분입니다.

통찰력을 기르기 위한 가장 좋은 방법으로 책 읽기를 권합니다. 책 속에는 이루 말할 수 없는 지식과 깨우침이 가득합니다. 진심으로 책을 가까이하는 습관을 길러야 인생의 문^{자신이 바라고 꿈꾸는 행복의 문}이 열립니다. 단 형식적으로 대충 읽어서는 그런 경지가 오지 않습니다.

——— 극기의 습관화

극_克은 이긴다는 뜻이고, 기_己는 자신을 말함이니 자신을 이긴다는 의미입니다. 자신을 이긴다는 것은 어떤 의미일까요. 상대가 아니라 자신을 이긴다는 것은 차분하게 생각해볼 만한 명제입니다.

인간의 내면에는 긍정적 인자와 부정적 인자가 공존합니다. 그리고 의사결정을 하거나 행동할 때 끊임없이 갈등을 유발합니다. 기실 인간의 좋고 나쁨이나 성공과 실패를 좌우하는 것은 본인 자신의 마음가짐에서 출발하고 마무리됩니다.

긍정적 인자와 부정적 인자를 이해하지 못하는 사람은 없습니다. 누구나 긍정적 인자 쪽으로 방향을 잡고 살아가야 함을 알고 있습니다. 하지만 현실은 어떤가요. 예를 들어 독서와 TV 시청, 운동과 소파에서 쉬기, 금연과 흡연, 효행과 불효, 정직과 거짓, 신뢰와 불신, 되는 방법과 안 되는 이유 등 인간의 행위 자체를 양분해서 살펴보았을 때 긍정 인자와 부정 인자 중 어느 것이 더 하기 쉽고 편한 행위인가요.

긍정 인자 쪽은 노력과 의지와 행동이 반복되어야 몸에 배지만, 부정 인자 쪽은 아무런 노력 없이도 저절로 몸에 달라붙어 습관으로 체화됩니다. 흡사 정원의 잔디와 잡초 같습니다. 잔디는 끊임없이 관리해 주지 않으면 제대로 자라지 못합니다. 그러나 잡초는 신경 쓰지 않아도 저절로 무성해지고 시간이 지나면 정원을 가득 채웁니다.

우리가 결심하고 행동해야 하는 긍정 인자를 얼마나 잘 가꾸고

303

관리해 나가는지 성찰의 자세로 돌아보면 얼굴이 화끈거려집니다. 이럴 때 우리는 극기의 의미를 되새겨야 합니다. 즉 부정 인자와 싸워서 이겨내야 합니다. 이 과정을 거치지 않으면 자신의 인생은 늘 각오와 계획과 한두 번의 실천으로 끝나는 실패한 인생으로 마무리됩니다. 꿈을 이룬 사람 중에 누구도 이 원칙에서 벗어난 사람은 없습니다.

성공은 우연이 아닙니다.

성공으로 가는 계단은 극기의 집념으로 습관화되어야 끝까지 올라갈 수 있습니다. 극기는 다른 말로 하면 자신의 삶을 통제할 수 있는 능력입니다. 나 자신을 통제하지 못하는 것이 대충 살아가는 사람들의 공통점입니다.

한 예로 그들은 담배를 끊지 못합니다. 심각한 점은 흡연의 해악성을 본인들도 인식하면서 습관처럼 담배를 꺼내 듭니다. 그들은 성공의 가장 중요한 요소인 책 읽기와 그에 따른 가르침도 따르지 않거나 마지못해 따르는 척하다 이내 포기합니다. 그들은 목표를 세우기는 하지만 대부분 실패로 끝나고, 실패한 후에도 자기합리화에 급급하지 다시금 목표를 달성할 방법을 찾기 위해 치열하게 노력하지 않습니다. 그러니 세월이 흘러도 나이가 들어도 인생이 좀처럼 나아지지 않는 거죠.

"가야 할 때 가지 않으면, 가려 할 때 갈 수 없다."

영화 〈세상에서 가장 빠른 인디언〉에 나오는 대사입니다. 젊어서 기운이 있을 때 가지 않고 대충 시간 보내고 나서 세월이 지나고 급해지면 그제야 서두르지만 이미 시간이 없습니다. 인생의 원칙은 이처럼 무겁고 엄합니다. 흘려보낸 시간은 돌아오지 않습니다.

인생은 고통입니다. 살아보면 체득하게 됩니다. 그 고통이 엄청난 무게로 우리 삶을 찍어 누르기 전에 스스로 극기하면서, 젊은 시절의 고통을 즐기며 앞으로 나아갔을 때 노년의 행복과 보람_{제대로 인생을 살았다는}이 선물처럼 주어집니다.

사실 말이 쉽지 결코 용이한 일이 아닙니다. 자신을 이긴다는 것은 내면의 욕망을 넘어서는 고차원의 일이기 때문입니다. 이성이 지향하는 것보다 본능이 시키는 대로 하는 것이 인간의 본질인데, 그걸 뛰어넘기란 쉽지 않은 일입니다. 어지간한 내공이 쌓여 경지에 올라야만 가능하게 됩니다. 이러한 경지에 들어서야만 자신의 꿈을 이룰 수 있습니다. 하늘의 이치가 그러합니다. 그러니 따라야 하지 않을까요.

———— **노력과 최선의 의미**

사서 고생한다는 말이 있습니다. 그렇다면 편안과 안락

이 진정한 행복이고 인생의 목표일까요. 그렇지 않습니다. 인간은 살아 있는 한 목표를 세우고 행동하고 성찰해야 합니다. 그런 과정을 통해 깨달음과 자기 발전의 희열과 만족을 느끼는 것이 진정한 행복입니다. 우리는 '목표를 세우고 행동하고 성찰하는' 것을 노력이라고 말합니다.

노력努力의 의미를 풀이하면 '힘을 다하여 애씀'입니다. 우리는 일상생활에서 '노력하겠다' '최선을 다하겠다'라는 말을 자주 사용합니다. 최선은 가장 좋은 것, 가장 훌륭한 것을 가리키는 단어지만 '온 힘을 다함'이라는 의미도 있습니다.

그렇다면 최선을 다해 노력하겠다는 말은 '자신의 모든 능력을 발휘해 죽을힘을 다해 애쓰겠다'는 것인데, 과연 그렇게 살고 있는가요. 지금까지 인생을 살아오며 그런 적이 몇 번이나 있었는지 생각해 보면 우리가 얼마나 자신에게 무책임하고 근거 없는 헛소리를 해왔는지 알 것입니다.

노력은 목표를 세운 후에 그 목표를 이루기 위해 인간이 해야 하는 필수 행동입니다. 시험 합격, 내 집 장만, 업무 목표 달성, 금주, 금연…. 이러한 여러 가지 목표는 인간이 더 나아지기 위한다면 피할 수 없는 과정입니다. 지금보다 나빠지거나 후퇴하기 위해 목표를 세우는 사람은 없습니다.

그렇다면 노력은 어떤 의미로 우리에게 다가올까요. 물론 노력한다고 해서 모두 목표를 이루는 것은 아닙니다. 목표가 높고 클수록 보통의 노력으로는 달성하기가 힘듭니다. 그래도 분명한 것은 노력하는 만큼 목표를 달성할 가능성이 커진다는 진실입니다. 똑같은 목표를 갖고 있을 때 달성 가능성이 누가 높은지는 명약관화합니다.

더 나은 인생의 꿈을 이루기 위해 목표를 세우는 것은 누구나 하는 삶의 패턴이지만 정작 그것을 달성하기 위해 노력하는 사람, 특히나 최선을 다하는 사람은 아주 드뭅니다. 항상 입으로만 자신과 주변 사람들에게 노력하네, 최선이네 하며 기만합니다. 자신의 인생을 모독하는 것이고 좀 더 심하게 표현한다면 사기를 치는 것입니다.

노력한다고 말했으면 진실로 자신의 힘을 다해 애써야 합니다. 그런 애씀과 분발의 과정 없이 입으로만 하는 것은 인생을 제자리걸음하게 하거나 추락시키는 악습일 뿐입니다.

노력한다고 했으면 하세요.

최선을 다한다 했으면 하세요.

이런 제대로 된 의식과 행동이 습관이 될 때 인생의 문은 활짝 열리고 성공으로 자리매김합니다.

─── **나누고 싶은 좌우명**

살면서 얼마나 많은 난관과 시련이 닥쳐왔던가요. 그러한 상황은 지금도 변함없고 앞으로도 그럴 것입니다. 사람이든 기업이든 존재하는 한 벗어날 수 없는 숙명입니다. 그렇다면 이러한 변화와 도전, 위기 상황을 오히려 발전과 도약의 기회로 삼을 수 있어야 합니다.

아직도 성찰의 시간을 가질 때마다 늘 후회가 많은 나이지만, 어려움을 이겨내면서 축적한 경쟁력은 있다고 자부합니다. 하여 제가 살아오며 좌우명으로 삼아온 것들이 여러분이 앞으로 살아가는 데 도움이 될까 하여 몇 개 적어봅니다.

첫째, 정면대응正面對應입니다.

저는 지금까지 한 번도 난관이나 위기를 피하거나 외면하지 않고 정면으로 대응해 나갔습니다. 사람은 심리적으로 어려운 상황이 발생하면 피하거나 외면하려는 본능이 있습니다. 그래서는 안 됩니다. 피하거나 외면하면 문제나 위기는 점점 더 커지고 악화될 뿐입니다. 정면으로 대응하고 싸워야 합니다. 죽기 살기로 대들면 방법이 생기고 길이 보입니다. 회피하지 마세요. 회피할수록 더 어려워집니다. 그게 세상 이치입니다.

둘째, 현실직시現實直視입니다.

제가 존경하는 잭 웰치 회장이 강조한 내용인데, 저는 늘 이 부분을 명심하며 행동해 왔습니다. 인간은 보고 싶은 부분만 보려고 하고, 가능하면 긍정적이고 좋은 쪽으로 생각하려는 심리가 있습니다. 그래서는 안 됩니다. 있는 그대로 상황을 직시하고 판단해야 합니다. 이것을 놓치면 가장 중요한 부분인 의사결정에 치명적 결함이 생깁니다. 어떤 상황이 닥쳤을 때 주관적으로 상황을 판단해 낙관과 비관으로 치우친 채 의사결정을 해서는 안 됩니다. 일체의 선입견 없이, 있는 그대로 현실을 직시하세요. 이전과는 다른, 더 나은 의사결정과 결과를 만들어낼 것입니다.

셋째, 쉽게 포기하지 마세요.

사람들이 뜻을 이루지 못하는 가장 큰 원인은 쉽게 포기하기 때문입니다. 하려던 일을 도중에 그만둬버리는 것을 '포기'라고 하는데, 이것이 습관이 된 사람은 절대 꿈을 이룰 수 없습니다. 쉽게 포기하는 게 습관이 된 사람의 일생은 결국에는 후회와 절망뿐입니다. 마라톤 코스에서 목적지에 가까이 다가갈수록 힘듭니다. 힘들다는 것은 목적지에 가까이 왔다는 방증입니다. 물론 아무리 해도 안 되는 일이 있고, 죽어라 노력해도 어려운 일이 있습니다. 그럴 때는 미련 두지 말고 포기해야 합니다. 포기해야 할 일과 끝까지 밀고 나갈 일을 구분하는 능력을 우리는 '지혜'라고 합니다.

우리가 살아가며 불가능하다고 던져버린 수많은 사안 중에 할 수 있음에도 스스로 포기한 일이 얼마나 많은지 생각해 보세요. 목표를 세웠으면 밀고 나가야 합니다. 이런 인생의 길을 걷는 사람들에게 성공이라는 결과를 줍니다.

넷째, 보은報恩의 인간관계입니다.

세상을 살다 보니 중요한 것 중 하나가 인간관계임을 깨닫게 됩니다. 어쩌면 가장 중요할지도 모르겠습니다. 저는 살아오면서, 특히 사업을 시작한 이래 우직할 정도로 쌓아온 인간관계로 인해 얼마나 많은 덕을 보았는지 모릅니다. 그들은 더울 때 그늘이 되어주었고 추울 때 바람막이가 되어주었습니다. 그런 관계는 얕은 계산이나 이해관계에 따라 움직여서는 구축될 수가 없습니다. 진득하게 좋은 관계를 만들어나갈 때만이 생겨날 수 있습니다.

사람 사이의 관계가 갈수록 예전 같지 않고 냉정하고 타산적으로 변해 갑니다. 시대의 흐름이 그렇다고 거기에 맞추어 살지 마세요. 세상 사람들이 이해관계에만 맞춰 얕게 살아갈 때 우리는 서로 돕는 깊이 있는 교류를 통해 그들이 원군援軍이 되도록 해야 합니다. "고마운 마음은 가슴에 새기고, 서운한 마음은 모래에 새겨라"는 선현의 가르침은 틀림없는 말씀입니다.

다섯째, 작은 목표에 만족하지 마세요.

마음에 흡족한 것이 만족입니다. 만족하면서 사는 것이 행복하고 편합니다. 그러나 만족에는 치명적인 문제점이 존재합니다. 만족하는 순간부터 인간은 노력을 멈추게 된다는 것입니다. 즉 그 상태에서는 노력과 발전이 멈추게 됩니다. 세상을 다른 차원으로 만들고 떠난 스티브 잡스의 유명한 스탠퍼드 대학 졸업 축하 연설의 백미인 "Stay hungry, Stay foolish"에 담긴 뜻은 무엇일까요. 현실에 만족하지 말고 작은 성취에 머물지 말라는 외침입니다.

저는 끊임없이 도전하는 삶을 살아왔습니다. 사업이나 학업에서 대충 만족하며 살아왔다면 오늘의 저와 회사는 존재하지 않았을 것이 분명합니다. 여러분이 높은 목표를 세웠다면 작은 목표의 달성에 만족하는 습관은 버려야 합니다.

살아갈수록 목표가 커지는 삶을 살아야 합니다.

가슴이 뛰는 삶을 살아가세요.

만족하고 안주해서는 목표를 이룰 수 없습니다.

311

───── **인연의 소중함**

　　우리는 살아가며 나 아닌 다른 사람들과 인연을 맺습니다. 나를 세상에 낳아주신 부모님과의 관계도 인연의 한 가지입니다. 인연이라는 단어는 원인原因을 뜻하는 불교 용어입니다. 조금 더 깊이 자료를 인용한다면 '인因'은 결과를 낳기 위한 직접적 원인을 의미하고, '연緣'은 이를 돕는 외적·간접적 원인을 의미합니다. 예를 들면 나무에 과일이 열렸을 때 과일이라는 결과물의 '인因'에 해당하는 것은 나무이고, 토양이나 햇빛·공기·물 같은 자연환경은 연緣에 해당한다고 보는 것입니다.

　　사람으로 치면 부모에게 정을 받고 몸을 빌려 세상에 태어나는 것은 인이요, 살아가며 맺어지는 관계에서 만나는 사람은 연에 해당합니다. 그렇다면 인은 숙명적 관계지만 연은 나이가 들어갈수록 자신에게 선택할 수 있는 재량권이 주어집니다.

　　인연이 왜 중요할까요. 세상 사람의 모든 일은 인연으로 출발해서 인연으로 마무리되는 과정이기 때문입니다. 이처럼 인연의 중요성은 인간에게는 숙명적입니다.

　　하나의 열매를 맺기 위해 나무와 환경이 중요한 것처럼 다른 사람들과 어떤 인연을 맺고 어떠한 관계를 지속하는지에 대한 중요성은 세월이 흐를수록 더욱 가슴에 와닿습니다. 우리가 소원하는 바를 이루기 위해 목표를 세우고 앞으로 나아갈 때, 과거

보다 아니 어제보다 못한 인생을 꿈꾸는 사람은 없습니다. 제대로 된 사람이라면 누구나 오늘보다 더 나은 내일을 꿈꿉니다. 목표한 것을 현실로 만드느냐 못 만드느냐에 관계없이 인간의 본능은 더 나은 생을 추구하도록 세팅되어 있는 것입니다. 문제는 그러한 꿈을 어떻게 현실로 만드느냐입니다.

이에 대한 중요한 요소로 불교에서는 인연을 내세웁니다.

세상의 모든 결과는 원인의 그림자입니다. 우리가 부모로부터 영육靈肉을 받아 태어나지만 그것이 결과는 아닙니다. 자신의 꿈을 이루기 위한 노력의 발걸음을 멈추지 않아야 온전히 한 인간으로서 역할을 해내고 원하는 결과를 만들어낼 수 있습니다. 또한 다른 사람들과 어떤 인연을 지속하느냐가 사회적 동물로서 인간의 가치와 경쟁력을 좌우합니다.

특히 '관계'라는 의미의 인연에 대해서 차분하게 생각해 보길 권합니다. 좋은 사람들과 관계를 맺으며 살아가고 싶은 마음이야 모두 같지만 인간 세상이 그렇게 단순하지 않은 것이 문제입니다. 세상은 복잡하고 다양합니다. 선과 악이 혼재하고 정의正義와 부정不正이 힘을 겨루고 부와 가난이 그림자처럼 본인의 행실에 따라 드리워집니다. 상대하기가 아주 힘든 타고난 나쁜 사람들과의 관계는 흘러가는 강물에 삽자루 씻듯 미련 없이 정리하고, 그렇지 않은 사람들과는 늘 여지를 두고 관계를 이어가기를 당부합니다.

　두 번 다시 안 볼 것처럼 매몰차게 돌아섰다가 가장 곤혹스러운 상황에서 다시 마주치는 것이 인간사입니다. 다른 이의 도움이나 배려를 당연하게 받아들이거나 말로만 표현하지 마세요. 진심으로 하는 감사의 언행을 사람은 본능적으로 알아차립니다. 입으로 하는 감사의 말과 가슴속에서 우러나오는 감사의 말이 한소리처럼 들려도, 그 결과는 천양지차입니다.

　하물며 부모님께는 무슨 말이 필요하겠습니까. 모시지는 못할망정 정성을 다해 자주 찾아뵙고 인사드리고 지극하게 섬기고 감사의 언행을 표현해야 사람입니다. 예로부터 부모 자식의 인연은 하늘이 맺어주신 것이라 하여 인연 중 으뜸으로 삼았습니다.

───── **젊어서부터 노후를 대비하자**

　인간의 수명이 놀랄 만큼 늘어나고 있습니다.

　제가 어린 시절 동네에는 70세를 넘기신 분이 한두 분에 불과했습니다. 그런 분들은 주변에서 어른 대접을 받고 예우 속에 살다 가셨죠. 그만큼 70세 수명을 채우기가 힘들었습니다. 간혹 90세를 넘기는 분이 계시면 마을 잔치를 하고 장수를 축하해 드렸습니다. 지금은 어떤가요.

요즘 상갓집을 가보면 돌아가신 분의 연세가 보통 90세가 넘습니다. 그뿐 아니라 80~90세의 연세에도 사회 활동을 활발하게 하는 어른이 많아졌습니다. 역사가 시작된 이래 일찍이 보지 못한 사회현상입니다. 이른바 '인간 수명 120세 시대'가 성큼 다가오고 있습니다.

금연과 적당한 음주, 그리고 규칙적인 운동과 생활습관만 유지한다면 현대 의학의 혜택 아래 지금 청년 세대는 120세를 넘기며 살아갈 것입니다.

우리는 이전 세대와는 다른 새로운 수명 연장의 파고 앞에서 어떻게 대응해야 할까요. 과거 농경시대에는 늙으면 자식들이 부양하는 사회 시스템이었습니다. 평균수명이 60세가 안 되었으니 부양 기간도 짧았고 한집에서 여러 가족이 모시니 크게 어려울 것이 없었습니다.

지금은 달라졌습니다. 지금의 기성세대부터는 노후에 자식의 부양을 기대하지도 않고 그럴 입장도 아닙니다. 그냥 부부가, 아니면 혼자 살아가는 방법뿐입니다. 각자도생이지만 어쩔 수 없습니다. 그것이 시대 상황입니다.

나이 들어 퇴직하면 여러분 앞에 길고 긴 제2의 인생이 펼쳐집니다. 무려 40~60년입니다. 이 까마득한 시간을 어떻게 보낼 것이며, 거기에 필요한 재화를 어떻게 마련할 것인지에 대해 곰곰이 생각하고 준비해야 합니다. 물론 요즘 60세는 청년 취급을 받는 세상입니다. 그러나 보통 60세, 길게 보아도 65세 정도면 직장에서 나와야 합니다. 체력이나 능력, 성과가 부족해서가 아닙니다. 젊은 후진을 위해 자리를 내줘야 합니다. 그게 순리입니다.

그렇다면 퇴직하고 나서 무엇을 하며 어떻게 살 것인가, 이것이 가장 중요한 질문이요 테제These입니다. 그것을 염두에 두고 지혜로운 생각과 계획을 바탕으로 지금부터 준비해야 남은 인생이 천국처럼 느껴집니다. 노후가 천국이냐 지옥이냐를 좌우하는 것은 지금 어떤 준비를 하느냐에 달려 있습니다.

"건강이 최고"라고 합니다. 맞는 말입니다. 그러나 건강은 기본 요소이지 목표가 아닙니다. 목표는 행복한 노후 생활이 되어야 합니다. 그것을 만드는 가장 중요한 구성 요소가 '돈'입니다. 가족, 지인, 취미, 베풂 같은 요소도 돈이 있어야 잘 굴러갑니다.

국가와 사회의 '사회안전망'이 구축해 놓은 시스템은 최소한도의 인간적 생활을 영위할 수 있는 만큼의 수준일 뿐입니다. 많이 수령하는 편에 속하는 제가 한 달에 받는 국민연금 액수는 그저 최소한도의 생활비 정도입니다. 이 돈 가지고 우리가 꿈꾸는 생활이 가능할까요?

행복하고 품격 있는 노년의 삶은 별도의 자금 없이는 이루어지지 않습니다. 저는 그 확실한 사례를 퇴임해 제2의 인생을 사는 지인들을 보며 절감합니다. 퇴직하고 연금만 받으며 살아가는 친구들과 젊은 시절부터 차근차근 저축하며 준비해 온 친구들이 살아가는 모습은 하늘과 땅 차이입니다.

지금은 돈이 많은 사람이 부자일지 모르지만 앞으로의 부자는 자신의 급여 외에 다른 쪽에서 자신을 위해 돈을 벌어주는 구조를 가진 사람입니다. 한 예로 받은 급여나 수입을 제외하고 자신이 모아놓은 금액이 스스로 벌어주는 이자나 배당금 같은 것이 그것입니다. 그런 시스템을 지금 당장 가동해야 합니다. 처음에는 액수가 적고 보잘것없어 보일지 몰라도 시간이 지날수록 자신이 절약한 돈을 지속적으로 넣어주면 점차 커지고 커져 노년의 문턱에 설 때는 '든든한 동반자'가 될 것입니다.

저는 회사 가족들에게 이러한 뜻을 설명하고 실행에 옮겼습니다. 'IK 행복기금'에 모든 직원이 가입하고 그 개인 계좌에 급여를 제외한 모든 항목성과급, 격려금, 특별포상금 등의 지출 금원을 입금시키고 있습니다. 처음에는 반신반의하던 직원들도 점차 늘어나는 액수에 자신감을 갖는 것이 눈에 보입니다.

수입 중에서 꼭 필요한 지출 외에는 모두 자신의 노후를 행복하게 만들어줄 계좌로 쏟아부으세요. 액수가 커지면 커질수록,

시간이 지나면 지날수록 이자가 저절로 눈덩이처럼 불어나는 '복리의 마력'에 놀라게 될 겁니다. 노후 계좌 속의 돈은 절대 꺼내지 마세요. 그것은 미래를 갉아먹는 행위입니다. 그러면 꿈이 모두 날아갑니다. 여러분이 노년의 문턱에 서게 될 때 여세요. 그든든함과 기쁨은 여러분을 행복하게 만들 것입니다. 그때가 되면, 제 진심을 알게 될 터이니 얼마나 다행인가요.

318

——— 혼자만의 성찰 여행을 떠나라

저는 회사 가족들에게 성찰 여행을 권합니다. 성찰 여행을 권하는 이유는 여러 가지가 있지만, 그중에서도 가장 큰 이유는 스스로가 성찰 과정을 통해 제3자가 되어 자신을 냉정하고 객관적으로 돌아보며 스스로 인생에 자극과 분발의 모멘텀을 주기 위함입니다.

제가 살아오면서 가진 가장 큰 자극과 분발의 시간 중 하나가 네팔에서 10여 일간 걸었던 히말라야 트레킹 기간이었습니다. 숙소와 식사의 열악함, 종일 걸어야 하는 힘들고 단조로운 산행, 며칠간 씻지도 못하고 곧바로 침낭으로 들어가 잠을 청해야 하는 게 견디기 쉽지 않았지만 한밤중에 일어나 파란 밤하늘에 매달린 듯한 하얀 산들을 바라볼 때마다 인간의 왜소한 존재와 대비되는 자연이 주는 장엄한 감동을 잊을 수가 없었기 때문입니다.

온종일 걸으면서 일행과 이야기하는 것도 힘들어 말없이 한 걸음 한 걸음 내디디며 침묵으로 몇 시간을 나 자신과 이야기할 때의 경험을 지금도 가끔 생각합니다.

우리가 부모님의 사랑과 보살핌으로 태어나 자라고 성장해서 가정을 이루고 살아가지만 인간은 본질적으로 혼자입니다. 인간은 절대적으로 혼자라는 명제 앞에서는 누구도 예외가 없습니다. 우리가 삶의 분망奔忙함에 시달려 시간 가는 줄도 모르고 정신없이 살아갈 때는 이 명제를 잊어버리곤 하지만, 자신을 돌아보는 기회가 되면 인생의 허망함과 덧없음에 절망하면서도 자신의 인생을 더욱 소중하게 바라보게 되는 것도 이 때문입니다.

성찰省察이란 단어를 사전에서는 '허물이나 저지른 일들을 반성하여 살핌'으로 풀이합니다. 재미있는 것은 성省과 찰察 두 글자 모두 '살피다'라는 의미를 갖고 있다는 점입니다. 그러니까 살피고 살핀다는 뜻으로 받아들이면 무리가 없을 것입니다.

라틴어 격언에 이런 구절이 있습니다. '카르페 디엠CARPE DIEM'. 굳이 해석한다면 '지금 이 순간을 소중하게' 정도가 될 것입니다. 그렇게 지내며 살고 있는가요?

이 질문에 자신 있게 "예"라고 대답하지 못한다면, 성찰의 시간이 필요합니다. 성찰이 그렇게 어려운 것은 아닙니다. 그저 자신의 살아가는 방향과 모습을 제3자의 관점에서 일체의 선입견을 배제하고 차분하게 바라보면 됩니다. 그러고 나서 잘못은 반성하며 고치고 잘못된 방향은 바로잡아 나가면 되는 것입니다. 이런 과정을 자주 반복할수록 인생은 달라지고 빛이 나게 됩니다.

그런데 놀랍게도 인생을 살아가며 성찰하지 않고 자신의 입장을 강변하고 자기 나름대로 합리화하며 잘못된 길을 잘못된 방법으로 살아가는 게 태반입니다. 이런 인생을 걸어가는 사람들은 죽을 무렵이 되어서야 절망과 참회의 한숨을 내쉬게 됩니다. 그것도 죽음을 앞두고 병실에서 절절하게 후회하며 이미 늦어버린 반성을 해봐야 그 시절로 돌아갈 수 없는 것이 인생이기에 더욱 안타까운 일입니다.

죽을 무렵에 남에게 저지른 업보를 뉘우치거나 어려운 이들을 돕지 못한 자신의 인색함을 탓하고, 남들에게 가슴 아프게 한 일들로 한숨을 쉬어봐야 무슨 소용이 있겠습니까. 부질없는 행동일 뿐입니다.

죽을 무렵의 성찰은 소용이 없습니다. 성찰은 인생을 한창 살아가는 사람들에게 진실로 필요한 것입니다. 그런 과정을 통해 사람은 비약적으로 달라지고 발전하게 됩니다. 제가 직원들에게 성찰 여행을 보내는 이유입니다.

'편하고 일상적인 시간 보내기'는 절대로 추억으로 각인되어 가슴의 앨범에 남는 법이 없습니다. 고생과 도전의 순간들이 가슴에 남는 법입니다. 어떤 이는 종일 걸으며 많은 상념의 시간을 가졌다고 성찰 여행 후기를 보내왔습니다. 이런 사람에게 성찰 여행은 오래 남을 것입니다.

──── **걷기, 그 즐거움에 대하여**

오래전부터 제주 올레길을 완주하리라 마음먹고 있다가 2020년 말 시작했습니다. 코로나19로 제주에 가는 사람은 많이 늘었지만 외국으로 나가지 못하는 골퍼가 대부분이지 걷겠다고 제주에 가는 사람은 많지 않아 호젓하게 걸을 수 있어서 좋았습니다.

'올레'는 골목길을 뜻하는 제주 방언입니다. 올레길은 제1코스 15.6km를 시작으로 섬, 산간을 걷는 5개 코스를 합해 총 26개 코스로 되어 있습니다. 426킬로미터에 달하는 거리이니 서울−부산 경부고속도로417km보다 깁니다. 쉽게 말해 천 리 길보다 조금 더 걷는 셈입니다.

매 코스를 20킬로미터 이내, 또는 40킬로미터 이내로 잡았습니다. 하루 걷기에는 적당한 거리입니다. 더구나 골목길, 오름길, 바닷길, 숲길곶자왈 등 다양한 풍광이 눈앞에 펼쳐져 지루하거나 답답해할 걱정 없이 그냥 즐기며 걸으면 됩니다.

어떻게 그렇게 매일 걸을 수 있느냐고 묻는 사람도 있지만 평소 운동을 게을리하지 않은 덕분에 큰 고생 없이 걸을 수 있었습니다. 마음 같아서는 매일 두 코스 이상 걷고 싶지만 후유증이 생겨 생각을 달리했습니다. 그 후유증은 체력은 감당이 되는데 발이 견디지 못해 생기는 것입니다. 온통 물집이 생기거나 심하면 발톱까지 멍이 들어 나중에는 발톱이 빠지는 일까지 겪게 되니 매일 하루 40여 킬로미터를 걷는 목표는 접을 수밖에요 평발의 한계!.

걷기는 아주 좋은 운동이고 습관입니다. 그리고 사색의 기회를 선물로 줍니다. 단순하게 운동 목적으로 실내의 트레드밀 위에서 걷거나 달리는 것과는 다릅니다. 또한 사람 많은 한강 변을 걷거나 운동장을 달리는 것과는 다른 감동을 올레길 걷기는 선사해 줍니다. 혼자 아니면 마음이 맞는 두세 명이 어울려 호젓하고 아름다운 길을 걸어가 보세요. 저절로 마음이 가라앉고 생각이 정리되고 고민하던 문제의 답이 떠오를 것입니다.

어디 그것뿐인가요. 자신을 돌아보고 마음속의 감정을 달래고 치유하고 북돋울 시간과 기회를 가질 수 있습니다. 사람은 모두 감정을 안고 살아갈 수밖에 없는 존재입니다. 기쁨, 노여움, 슬픔, 즐거움, 사랑, 미움, 욕심의 일곱 가지 감정을 어떻게 조절하고 다스리느냐가 우리의 행불행 幸不幸을 좌우합니다.

인간을 나락으로 빠뜨리는 행위중독, 예를 들면 도박, 지나친 음주와 흡연, 게임 같은 습관에서 빠져나오지 못하면 인생은 나락으로 떨어집니다. 이 모든 것은 자신을 그때그때의 나쁜 감정에 빠져들지 않도록 제어하고 조절하느냐 못 하느냐에 따라 좌우됩니다. 저는 걷기를 통해 이러한 감정을 조절하는 기회를 얻곤 합니다. 한창 걷기에 몰입하다 보면 걷고 있다는 것조차 잊고 행복에 빠질 때가 많습니다.

사람 없는 빈 바다에 모여 물에 젖은 날개를 햇빛에 말리려 날개를 펴는 물새들. 그 바다와 맞닿은 코발트색 하늘과 흰 구름. 오름길 정상에 올라 심호흡하고 바라보면 펼쳐지는 자연의 아름다운 풍광. 바람 따라 흔들리고 흔들리면서도 이윽고 바로 서서 보란 듯 나를 바라보는 억새 군락.

모질고 억센 제주 바닷바람에 맞서 한참 걷다가 마을 어귀에 접어들 때 마주친 돌담, 그 너머 참나무 숯불처럼 붉게 핀 동백꽃. 땅 위에 떨어져 옹기종기 모여 있는 동백 꽃잎들.

시장기 들어 찾아간 길가 식당의 만 원짜리 갈치구이 정식. 상에 오른, 냉동도 아닌 생갈치 여섯 토막이 안겨준 그 생생한 미각.

빼곡하게 달려서 지나는 사람의 눈을 즐겁게 하는 노란 귤. 가끔 잘 익은 귤 하나 껍질을 까 과육을 입에 넣고 그 향기와 맛을 느낄 때 오는 행복.

시작, 중간, 마무리 때 찍는 세 번의 스탬프를 누를 때마다 올레길 패스포트에 남겨지는 오늘의 흔적, 훗날의 추억.

숙소에 들어와 따뜻한 물에 몸을 담그고 올레길 걸으며 함께했던 조용한 클래식을 마저 들으며 잠시 심신을 이완할 때.

잠자기 전 열어보는 책 속의 가르침을 오롯이 진심으로 대하며 독서의 즐거움에 빠질 때.

이런 모든 시간과 경험이 저로 하여금 더욱 나아지는 세상으로 이끌고 갑니다.

——— 성공한 인생이란 무엇인가

사람마다 '성공한 인생이란 무엇인가'에 대한 생각은 다를 것입니다. 인생행로가 다르고 환경이 다르고 인연을 맺고 살아가는 사람이 다르니 관점이 다를 수밖에요.

성공적인 인생이란 무엇일까요? 가난을 털고 일어나 부를 축적하는 일, 많은 공부를 하여 높은 학문적 성취를 인정받는 일, 높은 지위에 올라 아랫사람들을 지휘하는 일, 자식이 뜻을 이루어 남들에게 부러움을 받는 일은 모두가 이런 삶을 살아갈 수는 없기에 이런 경지에 이르면 성공적인 삶을 살았다는 세간의 평가가 따라옵니다.

그러나 제가 생각하는 것은 조금 다릅니다. 가까운 사람들이 진심으로 존경하며 따르고, 이들에게 한 가지라도 좋은 변화를 만들어주는 삶을 살아가는 것이 성공적인 인생이라고 저는 생각합니다. 부와 지위, 명예는 뜬구름 같아서 바위처럼 머물러 있는 것이 아니라 그때그때 있다가 사라지곤 합니다. 그게 세상 이치이지요. 그러나 제대로 살아서 가까운 사람들에게 긍정적 자극과 모범을 보여 그들의 삶이 달라지고 나아지게 한다면 그것이 진정 '성공한 인생'이라고 저는 믿고 있습니다.

그래서 나이가 들수록 머리가 아니라 가슴에서 나오는 소리를 듣고 싶고, 저 자신에게 안식년을 주는 삶을 살고 싶습니다. 젊음도 노력해서 얻은 것이 아니듯 늙음도 내가 잘못해서 받는 벌이 아니니 자연스럽게 나이 들고 싶습니다. 그런 면에서 헤밍웨이의 말은 의미심장하게 다가옵니다.

"남보다 뛰어나다고 해서 고귀한 자가 되는 것이 아니다. 과거의 자신보다 우수한 자가 결국은 고귀한 사람이 되는 것이다."

전보다 나아지고 달라지는 것. 우리가 살아가는 궁극의 목적은 바로 이런 것이 아닐까요.

생의 모든 시간에 두 번은 없습니다. 지금까지 그랬고 앞으로

325

도 그럴 것입니다. 인생은 준비 없이 태어나서 연습도 없이 죽습니다.

"우리는 언제 죽을지 그리고 어떻게 죽을지를 선택할 수 없지만, 어떻게 삶을 살아갈 것인지는 결정할 수 있다. 그것은 바로 지금 이 순간이다. 우리는 내일이 아닌 오늘에 대해 최선을 다해 살아야 한다." 자오치광趙啓光이 《무위무불위Do Nothing & Do Everything》에서 한 말입니다.

카르마 業

괜찮겠지 하고 저지른 언행 言行

그림자 되어 따라오네

- 김상문

김상문 金相文

333

저서

《저우언라이》《소평소도》《CEO 김상문이 풀어쓴 중국
名詩名詞 120》《걸어서 갈 수는 없었는가》《살아서는 황제
죽어서는 신 마오쩌둥》
《길路 위에서 길道을 묻다》《책 속에 길이 있다》(1~10권)
《링컨을 기다리며》(출간 예정)

부끄러운 책

무엇하나
세속의 기준으로 보면
보잘것없는 사람의 살아온 단면이 파헤쳐지는 것은
부끄러운 일이다.

그러나
혹시 모르지
내가 걸어온 길에서 더 큰 희망의 좌표를
심어놓고 가는 젊음이 있다면
생각만 해도 즐거운 일이다.

사는 대로 생각하다가
생각대로 사는 것이 얼마나 행복한지를
아는 사람이 많아지기를 기대하며….

霽山 김 상 운

안 하는 거야
못 하는 거야

발행 2024년 3월 1일

지은이 최호열
편집 신옥진
교열 황금희
디자인 최정미
사진 제공 김상문

발행처 희망마루
등록 2021년 6월 21일(제2021-000061호)
주소 서울 서대문구 충정로53 유원골든타워 1504호
전화 02-3147-1007
이메일 heemangmaru@naver.com
인쇄 알래스카인디고

ISBN 979-11-975167-2-6 03190

가격 16,000원